安徽财经大学服务安徽经济社会发展系列研究报告 2019

安徽养老服务业发展报告 2019

张术松　徐旭初　等著

合肥工業大學出版社

图书在版编目(CIP)数据

安徽养老服务业发展报告 2019/张术松等著．—合肥：合肥工业大学出版社，2019.7

（安徽财经大学服务安徽经济社会发展系列研究报告 2019）

ISBN 978-7-5650-4554-7

Ⅰ.①安… Ⅱ.①张… Ⅲ.①养老—社会服务—研究报告—安徽—2019 Ⅳ.①D669.6

中国版本图书馆 CIP 数据核字(2019)第 140895 号

安徽养老服务业发展报告 2019

张术松　徐旭初　等著　　　　责任编辑　何恩情

出　版	合肥工业大学出版社	版　次	2019 年 7 月第 1 版
地　址	合肥市屯溪路 193 号	印　次	2019 年 7 月第 1 次印刷
邮　编	230009	开　本	710 毫米×1010 毫米　1/16
电　话	综合编辑部：0551-62903028	印　张	9
	市场营销部：0551-62903198	字　数	128 千字
网　址	www.hfutpress.com.cn	印　刷	合肥现代印务有限公司
E-mail	hfutpress@163.com	发　行	全国新华书店

ISBN 978-7-5650-4554-7　　　　总定价：330.00 元

编 委 会

安徽财经大学科研工作始终坚持立足安徽做学问、服务安徽出成果，特别重视立足地方和行业需求构建多层次智库平台。安徽经济社会发展研究院是安徽财经大学设立的研究安徽经济社会发展的专门研究机构，拥有安徽省人文社科重点研究基地、省级协同创新中心、省教育厅智库和安徽省重点智库四个省级科研平台。这些平台优化资源配置、聚合科研力量，鼓励和引导教师围绕安徽省委省政府的重大发展战略选题，深入研究安徽经济社会发展中的重点、热点和难点问题，着力破解制约安徽地方经济社会发展的重大理论和现实问题，为建设特色鲜明的地方高水平财经大学提供了有益的智力支持，取得了较为丰硕的成果并积累了丰富的经验。安徽经济社会发展研究院努力实现在安徽经济发展方面的理论基础、政策研究与实践应用的紧密结合，打造成为立足安徽、面向全国的财经智库。

安徽财经大学每年出版的服务安徽经济社会发展系列研究报告是由安徽经济社会发展研究院组织相关学院的专、兼职研究人员编写出版。我校 2006 年公开出版服务安徽经济社会发展的首部研究报告——《安徽经济发展报告》，2007 年《安徽省县域经济竞争力报告》发布，2010 年《安徽省贸易发展研究报告》出版发布，形成我校服务安徽经济社会发展的三大品牌报告。至 2019 年，年度研究报告增至十部，主要包括：《安徽生态文明建设发展报告 2019——新安江生态补偿机制专题报告》《安徽投资发展研究报告 2019》《安徽贸易发展研究报告

2019》《安徽劳动就业与社会保障发展报告 2019》《安徽城市发展研究报告 2019》《助力乡村振兴——安徽农产品加工业发展研究报告 2019》《安徽财政发展研究报告 2019》《安徽县域经济竞争力报告 2019》《安徽养老服务业发展报告 2019》《安徽经济发展研究报告 2019》等。

安徽财经大学服务安徽经济社会发展系列研究报告坚持稳定、控制数量、不断提升质量的指导思想，通过进入退出机制、激励机制、分级分类机制、合作机制、运行机制、评价机制和发布机制的改革，政策影响力和媒体影响力日益扩大。2016 年，安徽经济社会发展研究院成功入围中国智库索引首批来源智库，并获大学智库指数排名中的普通高校第一名。根据《中国智库索引（CTTI）2018 年发展报告》，2018 年安徽经济社会发展研究院入选 CTTI 高校智库百强榜。

纵观这十部研究报告可以看出，报告的组织者与撰写者都付出了辛勤的劳动和不懈的努力。当然，我们也清醒地认识到，报告还存在这样或那样的缺点，与政府部门领导和社会各界对我们的期望还有相当大的差距，学校应当在智库建设方面做得更多、更好。我们坚信，只要坚持走下去，只要继续得到社会各界的关心和帮助，系列研究报告一定会越做越好！学校的智库建设也将结出更多的硕果！

安徽财经大学党委书记、校长　丁忠明

2019 年 4 月 20 日

在我国老龄化时代来临之际，党的十九大报告对养老事业的发展做出了战略规划，提出了“构建养老、孝老、敬老政策体系和社会环境，推进医养结合，加快老龄事业和产业发展”的重要任务。安徽作为一个经济不发达、老龄人口比例超过全国平均水平的中部省份，2018年，65岁以上人口增长至820.2万人，占比达12.97%，面临较大的养老压力。在这一背景下，安徽如何落实党中央关于养老事业和产业发展的战略部署，在2020年完成全面建成小康社会多层次养老服务体系的建设任务之后，从2021年开始，顺利转向现代化养老服务业的发展道路，是关系到千万安徽老人的晚年和安徽全体人民家庭生活的大事。

本报告以安徽养老服务业的发展状况为研究主题，对上述问题进行探讨。本报告分为六个部分。绪论阐述了选题背景和意义，界定了基本概念、学术界对养老服务业的研究现状和报告研究内容；第一章介绍了我国养老服务业的成就、主要问题和主要任务，分析了我国养老服务业的发展趋势，以此作为安徽养老服务业发展的宏观背景和参照；第二章，从政府政策环境、安徽经济环境和社会环境三个方面分析了安徽省养老服务业发展环境；第三章是安徽养老服务业需求分析；第四章分析安徽养老服务业发展的供给主体以及由此构成的供给体系，它的运行机制和存在的问题；第五章从皖北、皖中、皖南分别选取了位于城市、农村和城郊的三个养老机构，作为安徽养老服务业的案例介绍；第六章从宏观背景、服务体系建设所取得的成就以及面临的压力三个方面对安徽养老服务业的发展加以总结，从服务能力、服务机制、服务主体、服务质量和政府管理五个方面展望了安徽省养老服务业发展的前景。

本报告的策划为安徽财经大学国际交流中心主任徐旭初教授，写作大纲由张术松教授提出，徐旭初教授审阅并提出修改意见，袁华萍博士参加了讨论并提出修改意见。具体写作分工如下：绪论，由张术松撰写；第一章，由任燕、张冰茹撰写；第二章，由王佳佳、洪勤思、张术松撰写；第三章，由张术松、袁华萍撰写；第四章，由潘妧、叶红莲、易苗苗撰写；第五章，由张术松指导，叶红莲编写两个案例，杜沁琳、王悦合写一个案例；第六章，由张术松撰写。张术松对第一章、第二章全部内容进行了修改，杜沁琳、王悦为第三章提供了部分资料，袁华萍博士对第三章、第四章、第五章的写作提供了指导和审阅。张术松、何东平、易苗苗、石玉柱、叶红莲、杜沁琳、王悦参加了调研。全书由张术松统稿，徐旭初最终审阅修改并校对。

本报告在写作过程中得到了调研单位阜阳市老年公寓、宿松县温馨老年公寓、铜陵市普济圩老年公寓的协助和支持，尤其要感谢安徽省政府驻上海办事处党组书记、主任刘卫东同志（时任安徽省政府副秘书长）在资料方面的大力支持。

徐旭初

2019 年 5 月

MU LU 目录

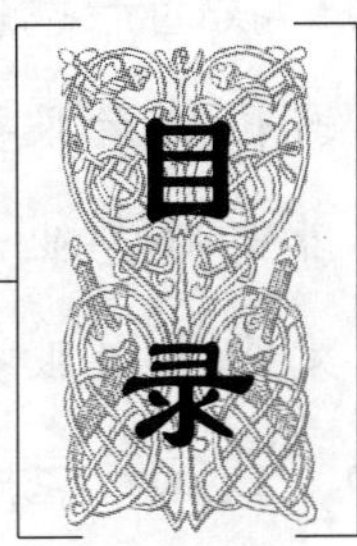

绪　论

第一节　选题背景和研究意义

一、选题背景

党的十九大报告提出了中国特色社会主义进入了新时代的新判断。其根本依据是中国社会主要矛盾的转变，它已经转化为人民日益增长的美好生活需要和不平衡不充分的发展之间的矛盾。这一主要矛盾决定了中国未来的发展进程。党的十九大报告提出，从现在到2020年全面建成小康社会，实现第一个百年奋斗目标；到2035年基本实现社会主义现代化；到21世纪中叶全面建成富强民主文明和谐美丽的社会主义现代化强国。在这个新时代，养老服务业应该如何发展，党的十九大报告也做出了战略规划："构建养老、孝老、敬老政策体系和社会环境，推进医养结合，加快老龄事业和产业发展。"这一战略规划为新时代中国特色养老事业指明了方向，同时也提出了重要任务。

如何把这一战略性的规划转变为可操作的政策，我们需要深入研究。2020年将是"十三五"养老规划的收官之年，即多层次养老服务体系的全面建成之年（表1-1）。

表1-1　"十三五"期间国家老龄事业发展和养老体系建设主要指标

类别	指标	目标值
社会保障	基本养老保险参保率	达到90%
	基本医疗保险参保率	稳定在95%以上

（续表）

类别	指标	目标值
养老服务	政府运营的养老床位占比	不超过 50%
	护理型养老床位占比	不低于 30%
健康支持	老年人健康素养	提升至 10%
	二级以上综合医院设老年科室比例	35%以上
	65 岁以上老年人健康管理率	达到 70%
精神文化生活	建有老年学校的乡镇（街道）比例	达到 50%
	经常性参与教育活动的老年人口比例	20%以上
社会参与	老年志愿者注册人数占老年人口比例	达到 12%
	城乡社区基层老年协会覆盖率	90%以上
投入保障	福彩公益金用于养老服务业的比例	50%以上

资料来源：《“十三五”国家老龄事业发展和养老体系建设规划》。

从 2021 年开始，我国将要进入“十四五”养老规划时期，新时代的养老规划与以往规划的显著差别在于：它是基本实现养老现代化的第一个规划。这一规划所反映并要化解的矛盾是现代化建设阶段老人对美好养老生活的需要和老龄事业及产业发展不平衡不充分之间的矛盾。

这是一个新的矛盾，表现在四个方面：（1）2019 年是新中国成立 70 周年，1949 年出生的婴儿已是步入 70 岁的老人，这一代老人与以往的老人相比会有很多不同的特征，因而也会有许多新的需求。（2）随着我国经济社会的持续发展，我国养老服务体系即将建成，在满足老人养老需求的财政基础、物质设施、技术条件等方面取得了巨大发展，为养老服务业奠定了坚实的基础。（3）20 世纪 50 年代的婴儿潮人口已经步入老年行列，20 世纪六七十年代的婴儿潮人口即将步入老年行列，严重加大了供养任务，二者结合起来，就形成了我国在急剧老龄化时期面临着严重的养老压力。（4）新的养老目标，即与中国特色社会主义现代化进程相一致，实现养老现代化。从物质技术层面上说，养老现代化是养老效率和养老绩效的提高，通过管理和技术的进步，提升服务质量，最终实现老人满意度的提高；从社会层面上说，养老现代化是养老公平度的提高，也就是促进我国区域之间、社会阶层之间、城乡之间老人服务的均等化。

安徽在“十三五”期间的养老服务业取得了显著成就，全面建设多层次养老服务体系的工程即将完工。在“十四五”时期，安徽的养老服务业也将步入养老现代化的征程。安徽养老服务业处于承前启后的转折期，有许多问题值得我们探索，最重要且紧迫的是下述三个问题：一是总结已经取得的成就以及过往的经验；二是认清当前安徽养老服务业的实际状况；三是根据目前的实际状况，结合中国特色社会主义养老事业发展的目标，展望安徽养老服务业的发展前景。

二、研究意义

养老服务业是一项政策性极强的行业，具有市场经济和公共经济的双重属性，在我国尤其如此。党和政府一直重视养老问题，这一行业的发展与党和政府的重视有着强烈的相关性。一是认识行动化，问题出现了及时提出应对措施。二是任务丰富化，养老从作为社保体系的一个组成部分以及单纯发放养老金深化到养老体系建设。三是责任全面化，从最初的社保和民政部门的责任扩展到政府部门和全社会的责任。这些认识深化的背后，是理论研究的持续发展。我国养老研究起步于 20 世纪 90 年代，主要研究社保部门的养老金发放问题，现在逐步扩展为涵盖经济学、社会学、心理学、公共管理学、伦理学、老年学、老年医学和护理学等的综合性应用学科群。我国养老理论研究与养老政策制定之间存在着良性的互动关系。社会提出养老问题，通过不同渠道的信息输入，成为政府的政策问题，这些问题由学术界和政府智库研究，形成关于养老的理论解释和政策建议。这些建议转变为政策制定和政策执行，以改变养老业的现状，进一步提出新的问题，由此形成双线演进和相互推进的局面。

研究安徽省养老服务业的发展，具有三个方面的意义。一是认识安徽养老服务业的个性，为安徽省养老服务业的政策制定提供有关现实状况的描述，而客观现实是政策制定的依据。二是认识安徽养老服务业的代表性。安徽省在经济上属于中部地区，从养老服务业角度来看，一方面中部地区经济水平相对较低，支撑养老服务业的财力保障和物质基础不够充分；另一方面东部地区的虹吸效应，安徽的资本和人力大量流向江浙沪一带，这严重影响安徽养老服务业的财力保障。老人的养老金来自财政，财政来自企业税收，企业税收归根结底来自劳动者的创造。养老公平是养老现代化的一个重要方面，安徽养老服务业的发展需要中央政府的支持。三是认识安徽养老服务业的内在逻辑。安徽养老服务业的发展，既要遵循市场供求的基本规则，又要遵循政府供给的逻辑。老人的有效需求是其发展的根本动力，但老人有效需求的特殊性在于：它的组成分别来自政府提供给老人的养老金、老人以及老人家属的自有资金，其中，养老金的供给主体是各级地方政府。在发达地区，老人和老人家属自有资金额度大，养老更多受到市场规则的影响。而在较为落后的中西部地区，政府提供的养老金是老人收入的主要部分，政府对养老金供给量的大小，往往决定着该地区养老市场规模的大小，决定了其从“老有所养”到“养得好”的转变难度的大小。政府对养老金的供给，不但取决于中央和地方政府的财力及其分配，而且取决于政府目标的选择，取决于养老在政府目标中的排序。从政府与市场的关系来看，安徽省养老服务业的内在逻辑需要从政府与市场的两个方面去思考。

第二节　基本概念的界定

一、服务业

在经济学意义上，服务是指以交易的方式为满足他人需要而提供的劳务活动。1960 年，美国市场营销协会（AMA）最先给服务下的定义为：“用于出售或者是同产品连在一起进行出售的活动、利益或满足感。”这一定义在此后的很多年里一直被人们广泛采用。1990 年，格鲁诺斯（Gronroos）给服务下的定义是：“服务是以无形的方式，在顾客与服务职员、有形资源等产品或服务系统之间发生的，可以解决顾客问题的一种或一系列行为。”关于服务的定义多不胜数，但大体都包含两个方面的含义：第一，服务是一种行为；第二，这种行为是为他人提供的市场行为，服务者与服务对象之间是一种交易关系。

在市场分工的背景下，专门把服务作为一种商品销售的机构是服务型企业，这类组织的集合就形成了服务业，其业务就是用各种物质、信息和技能条件为社会提供服务。服务业也被称为第三产业，它包括农业、工业之外的其他所有产业部门。三次产业（Tertiary Industry）是英国经济学家、新西兰奥塔哥大学教授费希尔（Allan G. B. Fisher）在《安全与进步的冲突》（*The clash of progress and security*，1935）一书中首先提出的，他根据社会生产活动历史发展的顺序和对劳动对象进行加工的顺序，将国民经济部门划分为三次产业：产品直接取自自然界的部门称为第一产业，初级产品进行再加工的部门称为第二产业，为生产和消费提供各种服务的部门称为第三产业。

我国第三产业包括流通和服务两大部门，国家统计局在1985年《关于建立第三产业统计的报告》中，将第三产业分为四个层次：一是流通部门：交通运输业、邮电通信业、商业饮食业、物资供销和仓储业；二是为生产和生活服务的部门：金融业、保险业、地质普查业、房地产管理业、公用事业、居民服务业、旅游业、信息咨询服务业和各类技术服务业；三是为提高科学文化水平和居民素质服务的部门：教育、文化、广播、电视、科学研究、卫生、体育和社会福利事业；四是国家机关、党政机关、社会团体、警察、军队等，但在国内不计入第三产业产值和国民生产总值。

生活型服务业是生产社会化和分工发展的结果。商业的发展带来了对家庭外的生活消费的需求，从而产生了衣食住行等方面的旅社、饭店、客运等伴随商业发展而来的服务机构。城市的繁荣和工商业的发展，进一步推动了服务业的发展。由于分工的细化，时间成为日益稀缺的资源，把时间用于生活的自我服务不如由专业化的公司规模化提供更有效率，这样就产生了生活服务的社会化和市场化，产生了生活服务组织。当大量提供生活服务的组织出现之后，生活服务就成了一个独立行业。

二、养老服务业

在我国，养老服务业是一个内涵庞杂的概念。国办发〔2006〕6号文件《国务院办公厅转发全国老龄委办公室和发展改革委等部门关于加快发展养老服务业意见的通知》对养老服务业的定义是："养老服务业是为老年人提供生活照顾和护理服务，满足老年人特殊生活需求的服务行业。"这一定义，适合当时养老服务业初期的发展状况，随着我国养老服务业的发展，这一定义无法包含和显示我国养老服务业发展的现状，因而也引起了对这一定义的讨论。杨立雄、余舟对这一定义做了专门讨论，在研究了国内外各种观点之后得出了一个综合性结论，把养老服务业分为广义和狭义两个层次："广义而言，养老服务产业是满足老年人生活需求的产业总称，包括养老照料护理、医疗保健、老年文化教育、旅游休闲、金融服务、法律支援等多个产业在内的新兴产业集群。狭义而言，养老服务产业是指提供养老照料护理服务的产业总称，其外延包括为机构或居家老年人提供饮食、起居、清洁、卫生、心理慰藉等日常生活的照料服务以及提供疾病预防、保健、康复、照护活动的医疗护理服务等内容。而作为提供服务的'养老服务产业组织'，是指在养老产业中提供照料护理服务的养老机构，目前在中国带有经营性的养老机构范围包括：养老院或老人院、老年公寓、护养院、敬老院、托老所、老年人服务中心等这些传统养老机构形式以及日间照料中心、养老照料中心、养老驿站、长者照护之家、幸福院等各地出现的新兴养老机构形式。这样进行界定的优势在于，广义的概念将养老服务产业与宏观经济发展联系起来，有利于未来养老服务产业发展与研究向着更为开放的方向。而狭义的界定将概念聚焦在养老服务最核心的照料护理上，这不仅有利于研究的聚焦，促进研究解决老龄化中的核心难题，同时也能够与其他国家在介护、长期照护的研究进行更好的对话与相互借鉴。另外，对养老服务产业概念与组织的界定中吸纳了国家养老标准的相关内容，有利于促进理论研究与养老服务实践的更好对接。”[①] 本报告也在这一意义上使用养老服务业的概念，并以此界定养老服务业的外延。

根据这一概念，养老服务业所包含的内容如下：第一，从经济的社会属性而言，它把市场供求和非市场供求关系都包括在内，家庭养老是我国养老的主要形式，农村养老基本是家庭养老，我省的城市化水平有待提高，农村养老尤其重要，因此，家庭养老依然要包含在讨论的范围之内。同时，大量的“三无”老人要靠政府养老，基层政府通过开办敬老院的形式为这类老人提供养老服务，这也是我省养老业的组成部分，当前，这种政府开办的养老事业也在通过官办民营的途径实现市场化。第二，从产业归属来看，它只属于第三产业，也就是说属于服务业，不包括养老地产业、养老制造业、养老金融业等。养老服务业所提供和消费的，只是养老服务。由此与养老产业相区别，养老服务业是养老产业细分化的下属概念。第三，从养老服务业的内部关系而言，是被服务老人和服务者之间的关系，也就是说，不是任何老人都能成为养老服务业的对象，只有当老人进入服务需求和满足服务的行列，成为或将成为被服务的老人之后，才被纳入养老服务业的研究范畴。

三、现代养老服务业

现代养老服务业有四个方面的含义。一是现代技术主要是现代信息技术在养老服务业中的应用，就是“互联网＋”养老的兴起，通过互联网技术建设养老平台是当前养老服务业的一个重要特征。二是现代养老观念在养老服务业中的传播，主要是家庭养老转变为社会养老，包括社会化养老和市场化养老。现代社会，家庭的养老功能日益弱化，政府对于养老的责任增加，在养老服务中，体现为政府购买服务的养老模式的兴起。三是老年人权利平等，每一个老人都应该得到最基本的养老服务，即老有所养，是现代人关于养老的共识。四是积极的养老理念，2002 年世界卫生组织发表了《积极

① 杨立雄，余舟．养老服务产业：概念界定与理论构建［J］．湖湘论坛，2019（1）：24－38.

老龄化政策框架》研究报告，该报告提出积极的老龄化战略，即最大限度地提高老年人“健康、参与、保障”水平，确保老人不断提升生活质量，充分发挥体力、社会和精神潜能，按自己的权利、需求、爱好、能力参与社会活动，并得到充分保护、照料和保障。2016 年 10 月，中共中央、国务院印发了《“健康中国 2030”规划纲要》，提出我国落实积极老龄化的具体措施，这些措施引导着我国现代养老服务业的发展。

第三节　养老服务业研究现状

国内外学者从不同的角度对养老服务业的发展现状做了丰富的研究。目前，国外对养老服务业的研究主要从养老服务的内容、供给和需求、相关政策、养老服务业和实践等方面进行，并取得了重大进展[①]。

一、国外研究现状

（一）对养老服务内容的研究

Ronald J 和 Jacqueline L（2005）从养老服务的内容入手，认为养老服务应当包括上门服务和社区服务。上门服务主要有送饭、做饭、家政服务、医疗护理以及情感服务等，社区服务主要是老年人日间照护、托管等服务。

（二）对养老服务供给和需求的研究

Davey 和 Patsios（1999）对比分析英国和美国的社区养老服务供给及老年人满意度，认为社区服务不能完全取代家庭的功能，家庭、社区应加强协作。Meinow，Kreholt 等（2005）认为在资源许可的范围内，城镇养老服务的供给数量主要受老年人需求的影响，宏观上受

① Michelle Barnhart，Lisa Penaloza. Who Are You Calling Old? Negotiating Old Age Identity in the Elderly Consumption Ensemble［J］. Journal of consumer research，2012（4）：1133 - 11533. Chikako Usui. Japan's Population Aging and Silver Industries［M］. The Silver Market Phenomenon，2011.

政策、经济及人力资源的限制。Mutchier 和 Burr（1991）发现老年人的身体健康状况、收入、资源等影响老年人对晚年生活的安排。

（三）养老服务政策研究

Komisar 和 Niefeld（2000）从美国的相关政策入手，认为政府对于长期护理的关注不够，需建立机构来平衡长期护理和卫生保健，集成服务，从而保证养老服务的质量，并强调需要完善融资机制，从而促进老年人长期护理的发展。Trydegrd G 和 Thorslund M（2001）分析了瑞典在养老服务方面的政策变化，指出政府政策对于发展养老服务的重要作用，对于提供一份公平的养老服务，政策起到决定性的作用。

（四）养老服务实践研究和产业研究

Peil（1991）提出通过养老服务产业化解决养老服务的问题。Barnhart 和 Penaloza（2012）认为养老服务业应面向特定老年群体，动态捕捉老年群体的消费特征。Rose Gilroy（2005）指出，美国的养老服务机构和设施全面覆盖各种需求的老人，已建成较成熟的商业化运营模式。Chikako Usui（2011）指出，日本社会发展了医疗护理业、养老居住业、老年旅游业等养老服务产业。Halvorsrud L 和 Kalfoss M（2007）指出，英国的社区服务体系由地方政府组织管理，集居住、商业服务、休闲度假于一体，具有完善的配套设施和功能区。

二、国内研究现状

国内学者对养老服务的研究主要集中在养老服务的内容、存在的问题、养老服务业供求和发展趋势方面。

（一）对养老服务的研究

王宁（2011）发现，社区中老年人需求最多的养老服务是日常生活照料，需求最迫切的是医疗护理服务，精神慰藉和文化娱乐活动也很重要。社会通过发展养老服务业满足养老服务需求，目前，对养老服务业的概念界定主要有三种：传统观念认为养老服务产业强调以政府投入为主，为老年人建立各种设施和体系，如养老院、老年大学等；台恩普（2009）认为养老服务产业是具有服务性特点的市场发展模式，以满足有一定经济实力的老年人的实际需求；陈叔红（2007）等认为养老服务产业以生产、再生产、储存以及分配相关养老产品和服务为主要活动，为所有老年人提供养老服务、设施和产品的新型产业；刘美清（2012）认为养老服务业是老龄产业的核心，应当优先发展。在养老服务业研究中，研究最多的是关于机构养老服务。机构养老是以医疗机构为主体，以分工和规模化的方式为老人提供养老服务。养老机构是指为老年人提供住养、生活护理等综合性服务的机构，如老年社会福利院、养老院、老年公寓、敬老院、托老所、老年人服务中心等机构，它们提供的养老服务涵盖了老人的基本服务需求，是我国养老体系不可或缺的组成部分，对其研究主要有以下内容。第一，关于机构养老优势的研究。相比家庭养老，机构养老在提高效率方面具有显著优势，翟德华、陶立群[①]认为，机构养老的优势在于：服务专业化；居住环境好；无障碍设计；休闲时间多，集体生活能排解孤独；减轻子女负担；满足老人独立生活的尊严感。潘金洪[②]则把这种优势归结为四个方面：减少孤独，生活有安全感，减轻家庭养老压力，提高老年生活质量。但发展机构养老还需要解决许多问题，问题和对策研究是这一领域研究得最多的部分。2012 年，穆光宗[③]把机构养老的问题归结为六个方面：机构养老供不应求但资源利用率不高；微利甚至负债导致养老机构自我发展能力不强；养、护、医、送四大功能分离；机构养老缺乏家居认同和亲情滋养；专业、负责的老年护工和管理人才短缺；农村养老机构的发展未规范化。他提出了化解机构养老困境的五大应对策略，即树立老年生命质量和生活品质并重的机构养老观；机构养老的专业化、标准化、规范化和职业化是发展的方向，重点要突出发展老年护理院；鼓励多元投资，扩大机构养老规模，发展旗舰企业，延长养老产业链；政府和机构要共同探索双红利导向型的社会

① 翟德华，陶立群．居家养老与机构养老选择决策模型理论研究［J］．市场与人口分析，2005（1）：62-64.

② 潘金洪．江苏省机构养老床位总量不足和供需结构失衡问题分析［J］．南京人口管理干部学院学报，2010，26（1）：15-20.

③ 穆光宗．我国机构养老发展的困境与对策［J］．华中师范大学学报（人文社科版），2012，51（2）：31-38.

企业发展模式；养老的机构支持、家庭支持和社会支持要“三结合”，机构养老的亲情化、福利化、专业化和社会化是“品质养老”的可靠保障。2016 年，王桥[①]把机构养老的问题归结为四个方面，即公办和民办养老机构的建设资源分割，养老机构运行不规范，专业技术水平低，养老机构的供给结构呈“哑铃状”分布。王桥还进一步分析了问题产生的政策原因，即政策制定单纯追求床位数量，导致空床率过高，机构在定位方面追求高端养老而忽视中端养老，老人由于收入低，入住需求不高。她提出的对策包括：一是调整供给结构，扩大中端养老供给；二是健全法规，加大监督力度，引导养老机构规范化运行；三是夯实有效服务供给，实行弹性规划；四是提高机构入住率。

2015 年，财政部、民政部等十个部委发布了《关于鼓励民间资本参与养老服务业发展的实施意见》（以下简称《意见》）。该《意见》为鼓励民间资本参与居家养老和社区养老服务，提出了三项发展社区养老的政策，即鼓励民间资本在城镇社区举办或运营老年人日间照料中心、老年人活动中心等养老服务设施，为有需求的老年人提供集中就餐、托养、助浴、健康、休闲和上门护理等服务；支持社区居家养老服务网点引入社会组织和家政、教育、物业服务等企业，兴办或运营形式多样的养老服务项目；鼓励专业居家养老机构对社区养老服务组织进行业务指导和人员培训。各地具体情况不同，因而在政策贯彻中产生了不同的社区服务模式以及相关的社区养老服务模式研究。

（二）养老服务业存在的问题

关于养老服务业存在的问题，耿香玲、冯磊（2009）认为，目前针对老年人精神生活的服务不到位，子女关心照顾不够；吴琼辉（2011）发现农村养老服务存在财政投入不足、社会保障制度不完善、城乡差距较大等问题；肖伟军、苏芳（2010）指出，农村老龄化问题严峻，医疗、养老保障体系跟不上，随着人口结构变化、劳动人口减少，我国养老服务业发展面临重大挑战。

---

① 王桥．我国养老机构发展中存在的问题及对策思考［J］．湘潭大学学报（哲学社会科学版），2016，6（11）：22－25.

（三）养老服务业供求方面的研究

潘海生、何一枫（2009）提出养老服务业是为老年人提供特殊需要的产品和服务的一种综合性的产业，我国处于社会主义初级发展阶段，市场需求量大、供给严重不足、供需不平衡的现状为服务业的发展提供了广阔的空间。杨怀（2012）从供给角度认为要鼓励民间资本投资兴办养老服务业，深化养老投资体制改革，充分利用现有的社会资源发展养老服务业，鼓励招商引资，利用国内外资金投资发展养老服务业。向甜[①]（2012）从市场消费角度讨论了养老服务产业发展的有利环境，阐述了人口老龄化给社会经济发展带来影响的同时也为养老服务产业这一新兴产业的发展提供了机遇。徐智垠（2010）认为，我国庞大的老年群体是一个巨大的消费市场，养老服务业是一个具有巨大潜在经济价值的“朝阳产业”。

（四）养老服务业发展趋势研究

曹建芳（2007）认为，我国应建立以居家养老服务为基础、社区服务为依托、养老机构服务为补充的养老服务体系。李骏（2007）认为民间组织在养老服务体系中具有高度的灵活性，可以提供多样化的养老服务。吴诺（2012）提出构建养老服务体系信息化系统。耿亚男、宋言奇（2011）探讨建立一个中心、多个站点的养老服务供应方式，以实现城镇养老服务的全覆盖。南宁市发展中新课题组（2011）提出将老年消费群体按收入分为高、中、低三个层次养老，打造“医养合一”。朱勇（2015）提出我国智能化养老的概念定位，论述了全国智能化养老实验基地的六大智能化系统：建筑设备智能化系统、社区管理智能化系统、健康管理智能化系统、照护服务智能化系统、生活服务智能化系统、文化服务智能化系统。

（五）“互联网＋”综合养老服务研究

华迎放（2018）认为，随着互联网和信息技术的发展，互联网与传统行业进行深度融合，形成更广泛的以互联网为基础设施和实施工具的经济发展新形态成为必然。因此，在增加养老服务供给的

---

① 向甜．人口老龄化背景下上海养老产业发展研究［D］．上海：上海工程技术大学，2013.

同时，有必要充分运用互联网和大数据技术，整合养老服务资源，创新养老服务产业发展模式，打造没有“围墙”的养老院，为老年人提供全方位、多层次的综合性养老服务，逐步满足全社会的养老服务需求。

通过梳理国内外学者的研究现状发现，各国均重视养老服务业的发展，围绕养老服务业的研究取得了一定的成果，但是也存在一些问题，主要表现在：首先，研究者对养老服务业的概念界定和定性问题上未达成共识。其次，对养老服务业的研究有待进一步深入，专门的、具体的、系统的有关养老服务业的文献研究还相当缺乏，与实际情况相比，现有的研究仍显得十分匮乏。尤其是国内，对养老服务业的研究还处于起步阶段。再次，对养老服务业发展的市场条件的分析不够深入，缺乏对老年人生活照料、精神慰藉、个性化服务等方面的具体研究，也没有具体提出适合我国国情的养老服务业发展模式。最后，我国养老服务业研究与养老服务业政策制定密切相关，但研究与政策制定的“两张皮”问题一直未有效解决。这些方面的问题有望在今后的研究中得到完善。

第四节　研究内容

养老服务业的特殊性在于，作为一个服务型行业，它的发展要遵循效率原则，市场在效率方面的有效性，得到了普遍认同。而从市场角度看，安徽养老服务业的基本问题就是安徽省的养老需求和养老供给问题，明确了这两个问题，也就基本上明确了安徽省养老服务业的发展现状。但是，由于安徽省（主要是城市市区）老人家属为老人提供养老资源的能力不强，安徽省的这一市场在很大程度上取决于安徽省各级政府为老人提供的养老金、医疗保障、养老福利等方面的支出以及养老服务体系建设的各种机构、设施和平台。因此，安徽省政府部门的养老服务职能和作为也是本研究报告的重要内容。所以，从安徽省养老服务业的整体来看，它实际上是老人及老人家属、政府涉老机构、市场和社会养老机构三者之间的关系，三者通过一定的规则和制度构成了兼有市场、社会、政府三种因素的体系。这一体系的形成和发展，受到经济、政府和社会多种因素构成的养老服务环境的影响和制约。

基于上述认识，本报告从六个方面进行论述。

第一章，我国养老服务业概述，为描述安徽省养老服务业的形象提供一个全国性背景。第一节的主要任务是阐述我国养老服务业目前的发展现状、所取得的成就、面临的压力和需要承担的任务。第二节描述我国养老服务业的发展趋势，从居家养老、社区养老和机构养老三个方面加以观察。

第二章，安徽养老服务业发展环境。环境因素是具体的背景，它直接影响和制约着安徽省养老服务业的发展。本章从政策环境、经济环境和社会环境三个方面加以分析，力图勾勒出安徽养老服务业发展的各种主要因素。第一节从养老服务业政策制定的背景、政策内容、政策效果和政策评价四个方面对安徽养老服务业的政策进行梳理；第二节从安徽经济总体情况、养老方面的社保支出、医疗支出等方面描述了安徽省医疗服务业发展的经济环境；第三节从养老文化和养老技术两个方面描述了安徽省养老的社会环境因素。

第三章，安徽养老服务业需求分析。第一节分析了影响安徽省老年人服务需求的主要因素，第二节分别分析城乡老人对养老服务的需求，第三节分析安徽省养老服务需求的发展趋势，从需求内容看，不断多样化和分层化，从总量看，随着老年人口的增长而不断增长。

第四章，安徽养老服务业供给分析。第一节分析安徽养老服务业的供给主体，由家庭、社区、社会机构和政府构成；第二节分析这些主体构成的供给体系；第三节分析安徽养老服务业的供给机制；第四节分析安徽养老服务业供给存在的问题。

第五章，安徽机构养老案例。案例分别来自皖北、皖中和皖南三个地区，且属于不同类型的养老机构。皖北介绍的是阜阳市老年公寓，是位于阜阳市区的老年公寓；皖中介绍的是宿松县的温馨老年公寓，是一所办在农村的养老公寓；皖南介绍的是铜陵市的普济圩老年公寓，是一所位于城市郊区的养老机构。这些老年公寓的共同特点是注重服务质量，规模在当地比较大，社会声誉和影响力都很大。

第六章，安徽养老服务业的总结与展望。第一节总结了安徽养老服务业的成绩和面临的任务。第二节从养老服务能力技术化、养老服务机制市场化、养老服务供给主体多元化、养老服务质量高级化和政府管理科学化五个方面对安徽养老服务业的前景进行了展望。

第一章 我国养老服务业概述

第一节 我国养老服务业的成就、问题和任务

一、我国养老服务业的成就

国际社会对于老龄化社会通常的标准是："一个国家或地区60岁以上的老年人口占总人口的比重达到10%以上，或者65岁以上的老年人口占总人口的比重达到7%以上，那就意味着这个国家或地区的人口处于老龄化社会。"我国在2000年11月底进行的第五次人口普查数据显示，当时我国65岁以上的老年人口占总人口的比重为6.96%，而60岁以上的老年人口占总人口的比重为10.2%。也就是说，我国差不多在1999年就进入了老龄化社会。根据国家统计局的统计数据，2017年我国新增老年人口首次超过1000万；2018年，60周岁及以上人口为24949万人，占总人口的比重为17.9%，其中65周岁及以上人口为16658万人，占总人口的比重为11.9%；预计到2050年前后，我国老年人口数将达到峰值4.87亿，占总人口的34.9%。随着时间的推移，我国老龄化的程度不断加重，我国老龄化的速度是快于世界平均水平的，与此同时，也加剧了我国养老服务业的压力。

我国是在经济尚未发达时，进入人口老龄化社会，具有"未富先老"的特点。为着力解决我国养老服务体系中养老服务和产品供给不足、市场发育不健全、城乡区域发展不平衡等问题，2013年9月国务院发布了《关于加快发展养老服务业的若干意见》，要求各省、自治区、直辖市人民政府，国务院各部委、各直属机构完善市

场机制，充分发挥市场在资源配置中的基础性作用，逐步使社会力量成为发展养老服务业的主体，营造平等参与、公平竞争的市场环境，大力发展养老服务业，提供方便可及、价格合理的各类养老产品和服务，满足养老服务多样化、多层次的需求。我们要从国情出发，把不断满足老年人日益增长的养老服务需求作为出发点和落脚点，充分发挥政府作用，通过简政放权，创新体制机制，激发社会活力，充分发挥社会力量的主体作用，健全养老服务体系。在完善市场机制、深化改革的基础上，坚持保障基本的原则。以政府为主导，发挥社会力量的作用，着力保障特殊困难老年人的养老服务需求，确保人人享有基本的养老服务。加大对基层和农村养老服务的投入力度，充分发挥社区基层组织和服务机构在居家养老服务中的重要作用。支持家庭、个人承担应尽责任。同时又要注重统筹发展居家养老、机构养老和其他多种形式的养老，实行普遍性服务和个性化服务相结合。统筹城市和农村的养老资源，促进基本养老服务均衡发展。统筹利用各种资源，促进养老服务与医疗、家政、保险、教育、健身、旅游等相关领域的互动发展。

习近平总书记在党的十九大报告中郑重提出："积极应对人口老龄化，构建养老、孝老、敬老政策体系和社会环境，推进医养结合，加快老龄事业和产业发展。"为积极应对人口老龄化，我国明确提出，要建立以居家为基础、社区为依托、机构为补充的多层次养老服务体系。按照习近平总书记的重要指示，各阶层应当结合中国人口老龄化实际情况，做好养老服务业的发展工作。从现阶段的养老服务工作来看，已经有了很大的进步，"十二五"期间，我国养老服务业快速发展，以居家为基础、社区为依托、机构为支撑的养老服务体系初步建立，老年消费市场初步形成，老龄事业发展取得显著成就。

第一，政策体系顶层设计的逐步完善。我国先后出台了大概 40 项涉及养老服务的政策。同时地方各级人民政府、有关政府职能部门也制定了相关配套政策。

第二，多元化发展格局基本奠定。以居家为基础、社区为依托、机构为补充、医养相结合的养老服务体系已经基本形成，在服务人群、行业管理、服务能力方面较过去有较大提升。

第三，发展成效初步显现。在居家和社区养老服务方面，通过政府购买服务、发放养老服务券、鼓励专业化养老服务机构参与等形式，为老年人提供了生活照料、家政服务、康复护理、医疗保健等服务内容。

第四，“十二五”时期发展最快的是机构养老，我国养老的机构和设施有11.6万个。其中注册登记的养老机构有2.8万个，社区养老服务机构和设施有2.6万个，互助型养老设施有6.2万个，各类养老床位数有672.7万张。

第五，在医养结合方面迈出了可喜步伐。一是国务院发布了相关政策，民政部、卫生健康委员会也发布了相关实施政策。同时在全国选择了50个地区开展医养结合试点。国家人力资源和社会保障部印发了《关于开展长期照护保险试点的通知》，积极支持地方开展长期护理保险制度试点。现在全国选择了15个地区进行偿付保险试点。

第六，社会化养老的方向越来越明确。改革开放以来，我国已然从农业社会转变为工业社会、信息社会，养老问题已不单纯是家庭问题、个人问题，而是重大的社会问题、民生问题。正因为如此，国务院明确指出，要努力构建以居家养老为基础、社区为依托、机构为补充的多层次养老服务体系。这里的居家养老，不是过去的“老死不相往来”，而是天天都与社会息息相关。比如，从吃穿住行到社保医保，从柴米油盐到电视电商，都需要社会各部门来提供。还有，老人活动场所、送医送药上门、家中男士帮助、护理聊天服务等，也都需要社会各方面来完成。在资本主义发达国家，由于经济发展水平高、社会保障比较好，所以，社会化养老体系比较完善。中国是社会主义大国，又是世界第二大经济体，随着经济社会的稳定和可持续发展，国家制定了一系列推进社会化养老的政策，鼓励和支持更多的社会力量、社会组织、社会义工，参与到养老服务中来，好让老人生活得更加舒心和安心。

第七，智能化养老的特征越来越明显。中国已是互联网大国，互联网用户、信息技术产品等都排名世界第一，国家一直在推进“互联网＋”行动计划，效果非常突出。养老服务业同样需要互联网，必须同互联网深度融合。正因为如此，我们要以社区为基础，搭建养老信息服务网络平台，提供护理看护、健康管理、康复照料、紧急救助等养老服务。

第八，“互联网＋养老”在我国才刚刚开始。据报道，北京市一位八十岁以上的老人家里免费安装了“一按铃”和“一键通”设备，只要手指一碰，很快就有人上门服务。现在，互联网、物联网、wifi 无处不在，只要我们充分运用好，就一定能为老人们提供更方便、更及时的服务。总之，随着现代信息技术的发展，智能化养老将会越来越普及，将会越来越惠及广大的老年群体。

二、养老服务业面临的主要问题

在养老服务行业突飞猛进的同时，我国养老服务行业也面临着一些困难。我国从 20 世纪末进入老龄化社会，人口基数大，人口老龄化发展速度快，使得我国的养老服务业面临的问题更多，更为复杂。

（一）养老服务供求不平衡，结构性矛盾突出

政府投资兴办的养老机构数量少，是我国养老服务体系存在的突出问题。与其他类型的养老机构相比，政府投资的养老机构在资金投入、政策支持、服务和价格方面更具优势，是老年人社会化养老的首选。因此，在一些地区甚至出现排队等候入住公立养老机构的现象。如北京市第一社会福利院，其床位数远远不能满足需求，已有近 8000 人在排队等候，仅此人数就需要等待至少 10 年才能完全入住。这一现象在其他经济发达的城市也是普遍存在的，而随着老龄人口的日益增多，养老服务供求不平衡问题会更加突出。我国养老服务供求的结构性矛盾较为突出。近年来，我国居民收入水平得到了极大的提高，养老金已实现连续 13 年的上涨。老年群体的收入水平显著提高，必然带动其消费水平的提升，在养老服务方面除了对基本生活照料的需求外，还包含了休闲、娱乐等更高层次的养

老需求。但从我国当前养老机构的情况来看，民办养老机构的基础设施较为落后，不能满足健身、文娱等要求，而设施完善、服务层次较高的高端养老社区，收费标准较高，很多老人无力承担费用，高端养老社区空置现象较为普遍。

（二）养老服务供给主体单一，社会力量参与度低

养老服务业的发展离不开政府的政策支持，同时也要发挥市场在养老服务中的作用。从国外的发展经验来看，构建多元化的养老服务供给体系是缓解当前养老服务供求矛盾的主要途径。从我国养老服务的投资主体来看，社会力量的参与度较低。目前我国民间资本投资兴建的养老机构不足20%。尽管我国的养老服务市场较大，但社会资本投资养老产业的积极性并不高。这主要是因为：一方面国家在养老服务方面的政策还不完善，发展环境还不稳定；另一方面在于投资主体对养老服务也有认识上的偏差。具体表现在：一是投资者缺乏对养老产业未来发展的长远眼光；二是投资者开发的养老服务产品缺少个性化、专业化，得不到老年人的认可，从而影响企业投资；三是企业的社会责任缺乏，只重经济效益，缺少社会担当。从未来的发展来看，养老服务业的发展空间巨大，但当前社会资本进入养老产业的积极性并不高。这主要是因为：一方面我国的养老产业还处于发展初期，国家的配套政策相对滞后，难以形成稳定的投资环境，社会资本进入的积极性自然不高；另一方面社会资本的逐利性，决定了其投资兴建的养老机构收费较高，社会认可度较低，导致了非公立养老机构空置率较高，这也是社会资本谨慎进入养老服务业的原因所在。

（三）城乡养老服务业发展不平衡，农村养老社会化程度低

城镇养老制度实施得比较早，资金投入、设施建设相对完善，发展程度要好于农村。在我国广大农村，受传统思想的束缚，农村老年人养老还主要以居家养老为主，从而增加了子女的赡养负担。城镇老年人主要依靠退休金作为其养老的资金来源，而农村老年人没有退休金，没有收入来源，无法入住养老院。即使有养老机构，基础设施投入资金不足，养老环境较差，只能提供基本的养老服务，老年人不愿

意入住。基于以上原因，目前我国广大农村地区推行社会化养老服务还是较为困难的。

三、发展养老服务业的主要任务

我国在养老服务产业发展方面仍面临着多项艰巨的任务。

（一）加强社区服务设施建设

各地在制定城市总体规划、控制性详细规划时，必须按照人均用地面积不少于0.1平方米的标准，分区分级规划设置养老服务设施。凡新建城区和新建居住（小）区，按标准要求配套建设养老服务设施，并与住宅同步规划、同步建设、同步验收、同步交付使用；凡老城区和已建成居住（小）区无养老服务设施，或现有设施没有达到规划和建设指标要求的，要限期通过购置、置换、租赁等方式提供养老服务设施，不得挪作他用。

综合发挥多种设施的作用。各地要发挥社区公共服务设施的养老服务功能，加强社区养老服务设施与社区服务中心（服务站）及社区卫生、文化、体育等设施的功能衔接，提高使用率，发挥综合效益。要支持和引导各类社会主体参与社区综合服务设施建设、运营和管理，提供养老服务。各类具有为老年人提供服务功能的设施都要向老年人开放。

实施社区无障碍环境改造。各地区要按照无障碍设施工程建设的相关标准和规范，推动和扶持老年人家庭无障碍设施的改造，加快推进坡道、电梯等与老年人日常生活密切相关的公共设施改造。

（二）大力发展居家养老服务网络

发展居家养老便捷服务。地方政府要支持建立以企业和机构为主体、以社区为纽带、满足老年人各种服务需求的居家养老服务网络。要通过制定扶持政策和措施，积极培育居家养老服务企业和机构，上门为居家老年人提供助餐、助浴、助洁、助急、助医等定制服务；大力发展家政服务，为居家老年人提供规范化、个性化服务。要支持社区建立健全居家养老服务网点，引入社会组织和家政、物业等企业，兴办或运营老年供餐、社区日间照料、老年活动中心等形式多样的养老服务项目。

发展老年人文体娱乐服务。地方政府要支持社区利用公共服务设施和社会场所，组织开展适合老年人的群众性文化体育娱乐活动，并发挥群众组织和个人的积极性。鼓励专业养老机构利用自身资源优势，培训和指导社区养老服务组织和人员。

发展居家网络信息服务。地方政府要支持企业和机构运用互联网、物联网等技术手段创新居家养老服务模式，发展老年电子商务，建设居家服务网络平台，提供紧急呼叫、家政预约、健康咨询、物品代购、服务缴费等适合老年人的服务项目。

（三）大力加强养老机构建设

支持社会力量举办养老机构。各地要根据城乡规划布局的要求，统筹考虑建设各类养老机构。在资金、场地、人员等方面，进一步降低社会力量举办养老机构的门槛，简化手续、规范程序、公开信息，行政许可和登记机关要核定其经营和活动范围，为社会力量举办养老机构提供便捷服务。鼓励境外资本投资养老服务业。鼓励个人举办家庭化、小型化的养老机构；鼓励社会力量举办规模化、连锁化的养老机构；鼓励民间资本对企业厂房、商业设施及其他可利用的社会资源进行整合和改造，用于养老服务。

办好公办保障性养老机构。各地公办养老机构要充分发挥托底作用，重点为“三无”（无劳动能力，无生活来源，无赡养人和扶养人，或者其赡养人和扶养人确无赡养和扶养能力）老人、低收入老人、经济困难的失能及半失能老人提供无偿或低收费的供养、护理服务。政府举办的养老机构要实用适用，避免铺张浪费。

开展公办养老机构改制试点。有条件的地方可以积极稳妥地把专门面向社会提供经营性服务的公办养老机构转制成为企业，完善法人治理结构。政府投资兴办的养老床位应逐步通过公建民营等方式管理运营，积极鼓励民间资本通过委托管理等方式，运营公有产权的养老服务设施。要开展服务项目和设施的安全标准化建设，不断提高服务水平。

(四) 切实加强农村养老服务

健全服务网络。要完善农村养老服务托底的措施，将所有农村“三无”老人全部纳入“五保”供养范围，适时提高“五保”供养标准，健全农村“五保”供养机构功能，使农村“五保”老人老有所养。在满足农村“五保”对象集中供养需求的前提下，支持乡镇“五保”供养机构改善设施条件并向社会开放，提高运营效益，增强护理功能，使之成为区域性养老服务中心。依托行政村、较大的自然村，充分利用农家大院等，建设日间照料中心、托老所、老年活动站等互助性养老服务设施。农村党建活动室、卫生室、农家书屋、学校等要支持农村养老服务工作，组织与老年人相关的活动。充分发挥村民自治功能和老年协会作用，督促家庭成员承担赡养责任，组织开展邻里互助、志愿服务，解决周围老年人实际的生活困难。

拓宽资金渠道。各地要进一步落实《中华人民共和国老年人权益保障法》有关农村可以将未承包的集体所有的部分土地、山林、水面、滩涂等作为养老基地，收益供老年人养老。鼓励城市资金、资产和资源投向农村养老服务。各级政府用于养老服务的财政性资金应重点向农村倾斜。

建立协作机制。城市公办养老机构要与农村“五保”供养机构等建立长期稳定的对口支援和合作机制，采取人员培训、技术指导、设备支援等方式，帮助其提高服务能力。建立跨地区养老服务协作机制，鼓励发达地区支援欠发达地区。

(五) 繁荣养老服务消费市场

拓展养老服务内容。各地要积极发展养老服务业，引导养老服务企业和机构优先满足老年人的基本服务需求，鼓励和引导相关行业积极拓展适合老年人特点的文化娱乐、体育健身、休闲旅游、健康服务、精神慰藉、法律服务等，加强残障老年人专业化服务。

开发老年产品用品。相关部门要围绕适合老年人的衣、食、住、行、医、文化娱乐等需要，支持企业积极开发安全有效的康复辅具、食品药品、服装服饰等老年用品用具和服务产品，引导商场、超市、批发市场设立老年用品专区专柜；开发老年住宅、老年公寓等老年生活设施，提高老年人生活质量。引导和规范商业银行、保险公司、证券公司等金融机构开发适合老年人的理财、信贷、保险等产品。

培育养老产业集群。各地和相关行业部门要加强规划引导，在制定相关产业发展规划的过程中，要鼓励发展养老服务中小企业，扶持发展龙头企业，实施品牌战略，提高创新能力，形成一批产业链长、覆盖领域广、经济社会效益显著的产业集群。健全市场规范和行业标准，确保养老服务和产品质量，营造安全、便利、诚信的消费环境。

（六）积极推进医疗卫生与养老服务相结合

推动医养融合发展。各地要促进医疗卫生资源进入养老机构、社区和居民家庭。卫生管理部门要支持有条件的养老机构设置医疗机构。医疗机构要积极支持和发展养老服务，有条件的二级以上综合医院应当开设老年病科，增加老年病床数量，做好老年慢性病防治和康复护理工作。要探索医疗机构与养老机构合作的新模式，医疗机构、社区卫生服务机构应当为老年人建立健康档案，建立社区医院与老年人家庭医疗契约服务关系，开展上门诊视、健康体检、保健咨询等服务，加快推进面向养老机构的远程医疗服务试点。医疗机构应当为老年人就医提供优先优惠服务。

健全医疗保险机制。对于养老机构内设的医疗机构，符合城镇职工（居民）基本医疗保险和新型农村合作医疗定点条件的，可申请纳入定点范围，入住的参保老年人按规定享受相应待遇。完善医保报销制度，切实解决老年人异地就医的结算问题。鼓励老年人投保健康保险、长期护理保险、意外伤害保险等人身保险产品，鼓励和引导商业保险公司开展相关业务。

我国在养老服务产业的界定和补充方面仍在不断进步，概念的界定使其充分具备时代发展的内涵。在加强组织领导、鼓励社会各主体参与养老服务业发展建设的基础上，我国争取到 2020 年，全面建成以居家为基础、社区为依托、机构为支撑的功能完善、规模适度、覆盖城乡的养老服务体系。丰富养老服务产品，不断完善市场机制，使养老服务业持续健康发展。

第二节 我国养老服务业发展趋势

根据2017年国务院发布的《“十三五”国家老龄事业发展和养老体系建设规划》，我国将在2020年建成完善的养老服务体系，这一体系包括三个层次：居家养老服务、社区养老服务和机构养老服务。下面我们分三个层次讨论这一服务体系的发展趋势。

居家养老服务以上门提供服务为主，服务场所主要在老人家中，服务目标是维持老人健康自理的生活状态，在老人生活中更像是顾问的角色。

社区养老服务则承担了协助老人生活的责任，一方面提供健康护理服务，另一方面也涵盖一些老年人自己不便完成的社区家政服务，在老人生活中可类比为助手的角色。

机构养老服务则又按照老人健康状态的区别，划分为自理型老人养老机构和失能型老人养老机构。虽然两种形式的老人需求有差别，但是现有市场更多以综合二者为主，养老机构安排老人的日程，提供标准化的护理、生活服务，可类比为老人的管理者。

一、居家养老服务的发展趋势

居家养老是这一养老服务体系的主体，是整个养老服务体系的基础。它的发展趋势主要表现为从家庭养老到居家养老的变迁。家庭养老和居家养老有不同的内涵。家庭养老指养老的责任主体是家庭，并且由子女提供养老服务。中国自古以来的“养儿防老”“孝道”是家庭养老的思想根基，无论在农村还是在城镇，这种养老模式都占据主流，也符合老年人享受天伦之乐的需求。而居家养老提供养老服务的不一定是子女，还可以是社会和政府，政府通常以购买服务的方式无偿为老人提供养老服务，也可以是老人或老人子女通过市场购买的方式有偿获得养老服务。这一趋势的原因可以从需求角度和供给角度来分析。

从需求角度分析，第一个原因是我国老龄化属于特有的急剧老龄化现象，即低生育率和低死亡率同时出现。进入 2000 年以来，我国的出生率一直在 1.2%左右，死亡率稳定在 0.7%左右，此后，我国开始老龄化进程。放开二胎后，我国人口出生率不升反降，2018 年为 1.1%。第二个原因是老龄潮的到来，1962—1974 年是一个长达 12 年的婴儿潮时期，每年出生人口平均约为 2500 万人，12 年共计约 3 亿人。自 2022 年开始，这批婴儿潮人口步入老龄化阶段，总数也在 3 亿人左右。第三个原因是我国在 20 世纪 70 年代实施计划生育，第一代独生子女的父母已经步入老龄阶段，他们面对的问题可能不仅仅是自己的养老问题，还有为儿女抚养下一代的问题。第四个原因是经济市场化对传统家庭结构的冲击，原来的三代家庭分解为“空巢家庭＋核心家庭”，或者老人带孙辈，年轻夫妻单住。这样的家庭结构已经成为城市家庭的主要模式，同时由于农村打工经济的发展，使得这种模式在向农村蔓延。第五个原因是现代生活方式的急剧变化造成的代沟日益扩大，年轻人不愿意与父母同住，父母也不愿意和年轻人同住。

从供给角度分析，有两个因素为这一转变奠定基础。一是政府财力为养老奠定了经济基础。这体现为城市退休人员养老金的持续增长和对农村老人的普及以及医疗保障的全覆盖。2019 年 3 月 5 日发布的《关于 2018 年中央和地方预算执行情况与 2019 年中央和地方预算草案的报告》显示，15 年来，养老金持续增长，虽然各地增长幅度不一，但全国平均增长水平达到 5 倍左右。同时，农村老人以各种形式获得了养老金，虽然不多，但也一直在持续增长之中。2015 年 3 月 6 日，国务院办公厅以国办发〔2015〕14 号印发了《全国医疗卫生服务体系规划纲要（2015—2020 年）》，规定了 2020 年基本建立覆盖城乡居民的基本医疗卫生制度的建设目标。2018 年，国家医疗保障局、财政部、国务院扶贫办印发《医疗保障扶贫三年行动实施方案（2018—2020 年）》，明确：到 2020 年，农村贫困人口全部纳入基本医保、大病保险和医疗救助保障范围，农村贫困人口的医疗保障受益水平明显提高，为医疗保障全覆盖补齐了“最后一块短板”。虽然我国政府提供的医疗保障服务还不能做到全部无偿供给，但大大减轻了家庭养老的医疗支出负担。二是生活服务市场的发展方便了老人的生活。通过市场提供生活服务已经成为21世纪我国服务业发展的一个重要方面，生活服务包括衣食住行、吃穿用度的各个方面。移动互联网几乎“无孔不入”，渗透至生活服务的方方面面。依托这样一个高度发达的生活服务市场，老人居家养老的生活需求得到了坚实的市场供给侧的保障。正是这两个方面的相互作用，推动了家庭养老向居家养老的转变。

二、社区居家养老服务的发展趋势

社区居家养老服务是指由社区机构为居家老人提供养老照护服务。我国养老体系包括居家养老、社区养老（社区居家养老服务）和机构养老三个层次。老人有足够的自理能力或者家庭有足够的照护能力，就在家庭养老，当老人失去自理能力而家庭也无法照护的时候，就进入机构养老，介于二者之间，老人和家庭有一定的家庭内部照护能力，但不足以解决全部问题，或者自家照护低效的时候，就需要社区提供相应的服务作为居家养老的补充。这种养老模式要解决的问题是：如何为老人提供外部力量实现居家养老。

外部力量的照护分为两类：一是来自市场的有偿服务，二是来自政府和社会的无偿服务。这两类外部力量的照护，都可以依托社区加以实现。在社区建设社区日间照料中心和上门服务的居家养老服务中心，满足社区老人的服务需求。这种社区居家养老服务是由大连首创的一种养老模式①。社区养老的主要优点是养老服务的灵活性和适应性强，既符合我国传统的“孝道”，又在一定程度上减轻家庭成员的负担，从另一个角度来看也减轻了政府的养老资金压力，老年人也不用离开家庭，精神上得到较大的慰藉。因此，社区养老得到了国家和社会的大力支持。目前，社区居家养老服务已经是我国养老服务体系建设中的重要组成部分，它的发展趋势主要体现为三个方面。

第一，社区养老功能的强化。由于家庭养老功能的弱化，相应的养老服务功能就必须向社会转移，按照离家路近的法则，承接家庭养老功能的第一选择就是社区，因此，社区就由原来的社会自治组织向

① 祁峰．建立具有中国特色的养老新模式［J］．经济问题探索，2005（2）：57－59.

社会服务组织转变，承担养老服务功能。社区所承担的养老服务功能包括老年人日间照料、生活护理、家政服务和精神慰藉这四个方面。其服务形式包括上门服务和社区日托两大类型。为此，社区必须建立相应的基础设施、服务机构，招聘涉老服务人员和管理人员。基础设施包括硬件设施、老人活动的室内场所和室外场地、体育器材等，服务机构包括托老中心、老年活动中心、老人服务中心、老年医疗保健机构、老年学校等，再由这些机构招聘相应数量的专业服务人员和管理人员，为老人服务。

第二，社区养老服务机制市场化。社区养老服务属于生活服务的范畴，在生活服务高度市场化的背景下，社区通过市场机制为老人提供服务是最有效率的选择。一方面，社区如果机构林立，人浮于事，则会提高管理成本，降低服务质量；另一方面，生活服务市场日臻成熟，各类家政公司、快餐公司、洗浴服务公司等应有尽有，而且专业化程度高，服务成本低廉，大大节约了人力和物力，正因如此，按照经济学的效率原则，通过市场提供养老服务将成为社区养老服务的一个基本趋势。

第三，社区养老参与全员化。孝道是中华民族传统美德，在今天，孝道作为一种文化也在现代化，即突破血缘关系而成为社会化的孝道，“老吾老以及人之老”正成为一项社会的共识。依据这种共识，各地社区的养老文化建设正在普及和发展。从老人的角度来说，积极养老观念的形成意味着老人不是消极被别人养，而是积极参与社区建设和社区管理，低龄老人为高龄老人提供养老服务。从社区居民的角度来说，节日慰问老人，参与老人的节日活动，为老人做慈善活动和志愿者服务活动等日益深入人心。

三、机构养老的发展趋势

机构养老是指以组织的形式为老人提供养老服务，其服务对象是离开家庭入住养老机构的老人，具体包括健康老人、半失能老人和失能老人。服务主体是养老机构，具体包括养老院、社会福利院、敬老院及老年公寓等。服务内容基本涵盖了符合法律规定的服务内容及老人生活的各个方面。它的资金来源主要是社会、政府、亲人或老年人本身，因此分为有偿服务和无偿服务两大类别，由政府无偿提供养老服务资金的机构主要是敬老院和社会福利院等，由老人家属或老人自己提供资金的则是老年公寓，属于市场化养老。机构养老是通过专业化设施和专业化人员，向老年人提供生活照顾或者精神慰藉，具有规模化、专业化、全能化等优点和高效率、低成本的优势，较好地满足了老人特别是失能、半失能老人的养老需求，同时又降低了子女为老人服务的时间成本和技术不熟练的压力，因此日益受到老人的青睐。其发展趋势表现为四个方面。

第一，机构养老日益得到社会认可。原因在于，一是认为有子女住养老院就是子女不孝的传统看法在逐步改变。实际上，由于机构提供的服务更为专业科学，相对于“久病床头无孝子”，住进养老院更为可取。这与现在老人的观念更开明有关。二是现实生活的压力，现在的老人主要是独生子女的父母，在当前的工作和生活条件下，独生子女在家伺候两家老人缺乏可行性。三是养老机构的进步，可以提供比家庭更好的服务。最初的养老机构是 20 世纪 90 年代的下岗职工兴办起来的，起点很低，服务质量的专业化程度低，服务态度参差不齐，经过二十多年的竞争和发展，低服务质量的养老机构被淘汰，高服务质量的养老机构越来越多，以质量求生存是养老机构的共识，在这种背景下，老人也乐于入住养老机构了。根据测算，机构养老的服务市场将在 10 年内达到 5 万亿元的市场规模。

第二，机构养老分级发展。国家市场监督管理总局、国家标准化管理委员会于 2 月 18 日批准发布了《养老机构等级划分与评定》标准，该标准将于 2019 年 7 月 1 日实施。标准包括 102 条要求，明确了养老机构申请等级评定应满足的基本要求和条件，包括养老机构有效执业证明、工作人员应具备的要求或资源、空间配置、运营管理与服务、各个等级的养老机构应同时满足的条件，通过规定各等级养老机构应满足的入住率、服务提供、人员配比与资质以及硬件设施的要求，为养老机构等级评定申请划定了差异性门槛。通过客观、公正、透明的评价，将养老机构分为 5 个等级，从低到高依次为一级、二级、三级、四级、五级，以此引导养老机构提供优质服务。

第三，由重床位数量到重服务质量。《2017 年社会服务发展统计公报》显示，2017 年全国注册登记的养老服务机构有 2.9 万个，各类养老床位共计 744.8 万张，每千名老年人拥有养老床位 30.9 张。2018 年全国养老服务机构近 3 万个，养老服务床位共 746.4 万张。对比 2017 年数据，2018 年养老服务床位新增数量不到 2 万张，每千名老年人口拥有的养老床位数，继 2017 年后再次下降。原因何在？在于过高的空床率。《"十三五"国家老龄事业发展和养老体系建设规划》规定了"十三五"期间老人千人床位数达到 35～40 张的发展目标，但这一目标是根据西方发达国家的经验制定的。由于中国国情不同，养老机构的空床率居高不下，有的机构达到一半以上。所以，2015 年前后，我国逐步停止了以床位增长率来评价机构养老发展的做法，床位补贴也逐步改变为实际入住补贴。国家质检总局、国家标准化管理委员会于 2017 年 12 月 29 日发布了《养老机构服务质量基本规范》，标志着我国机构养老步入以质量为主的发展道路。2019 年发布的分级标准，进一步明确了这种质量化的方向。在新的政策引导下，养老机构由过去通过数量扩张争取床位补贴，转变为提高服务质量，争取更高的等级和更高的服务费用。

第四，养老机构管理高端化。竞争产生服务质量，服务质量助推管理水平。前几年机构养老的急剧扩张带来了养老机构之间的激烈竞争，竞争有两大类型：一类是低端价格竞争，陷入低价与低服务质量的恶性循环，最终机构走向死亡；另一类是提高服务质量与提高价格的良性循环，现在活下来的养老机构主要依靠提高服务质量取胜，这类机构现在又面临着业外资本和人员进入的竞争。为了生存下去、提高竞争力，养老机构纷纷走上了提高管理水平的发展道路。一是机构领导素质的提高，最初的下岗女工办老年公寓的现象逐步绝迹，机构领导人都有较好的学历，特别是子女继承父母事业的第二代养老人均有良好的教育背景甚至留学经历。二是机构高管均有高学历背景，年轻人入行养老，最低也有大专学历，发达地区很多研究生学历的年轻人也去养老机构工作。三是一线服务人员中，年纪大的一般是普通护工，具有护校护理专业学历的年轻人越来越多。四是员工技能培训的普及。以前的员工就是没有文化没有专业培训的农村妇女或者下岗女工，机构创办人为了接受专业培训必须去远方，因为国内相关的培训机构很少。现在很多水平较高的养老机构取得了医疗护理的培训资质，员工普遍接受了培训。五是管理日益规范化。第一代养老机构是从家庭托老发展而来的，老人和家人共同生活，不存在管理，更谈不上管理制度建设。随着养老机构规模的扩大，管理制度就成为机构发展的关键。建立适合国情的机构养老制度和服务标准，成为当前养老机构建设的重要工作。

第二章 安徽养老服务业发展环境

养老服务业是随着人口老龄化以及人口年龄结构的转变，为满足老年人的特殊需要而提供特殊商品、设施以及服务的产业集合，包括老年生活照料、老年用品、老年健康服务、老年体育健身、老年文化娱乐、老年金融服务、老年旅游等主要内容。加快发展养老服务业，满足老年人物质、精神、文化等多层次、多元化的需求，是积极应对人口老龄化、全面建成小康社会的必然要求，是努力挖掘人口老龄化给国家发展带来的活力和机遇的重大举措。

“十二五”时期，我省养老服务业发展取得显著成效。养老服务业发展的政策体系初步建立，养老服务业发展的保障措施逐步完善，困难老年人的保障水平明显提高，养老服务设施建设步伐加快，机构、居家养老服务网络建设逐步推进，医疗卫生与养老服务融合发展取得突破，老年人参与的教育、文化、体育等社会活动不断丰富，全社会敬老助老的氛围日益浓厚。我省是进入老龄化社会较早、老龄化程度较高的省份之一，养老服务业发展仍然处于起步阶段，存在诸多问题，主要表现在：统筹协调有待加强，城乡之间、区域之间发展不平衡；养老服务供给总量不足，结构不合理，配置不均衡，运营质量和效益不高；人力资源队伍、科技支撑能力、无障碍设施建设等方面滞后；各类服务规范、行业标准不健全，行业监管缺乏有效手段；养老服务市场发育尚不充分，难以满足老年人日益增长且多样化的需要；产业效益尚未形成，对调结构转方式促升级的拉动作用没有显现出来。

“十三五”时期是我省全面建成小康社会的决胜阶段，也是应对人口老龄化的重要窗口期。养老服务业要主动适应加快建设创新型经济强省、文化强省、生态强省的大局，发挥沿江近海、居中靠东的区位优势，抓住我省系统推进全面创新改革试验、建设新型城镇化试点省的有利机遇，加快发展功能完备、结构优化、布局合理、服务高效，与我省人口老龄化形势相适应、与经济社会发展水平相协调的养老服务业。

第一节　安徽养老服务业的政策环境

一、政策制定的背景

首先，安徽省积极制定养老服务业相关政策是贯彻落实中央关于养老服务体系建设发展纲要的必然要求。党的十八大报告指出，要“积极应对人口老龄化，大力发展老龄服务事业和产业”，养老服务产业成为一个朝阳产业，发展需要制度的支撑；同时，十八届三中全会提出要“正确处理好政府和市场的关系、政府和社会的关系，使市场在资源配置中起决定性作用和更好地发挥政府作用”，服务领域同样需要有社会力量的参与才会有更强劲的发展动力。这就要求我们主动调整思路，在坚持保障基本服务的情况下，注重深化体制改革、完善市场机制、加强统筹协调，为养老服务业营造良好的政策环境。

其次，安徽省养老服务业在发展过程中存在着若干问题，主要表现在以下方面：一是风险与成本较高。由于老年人的特殊需求投入研制的经费较高，市场风险也大，特别是目前的社会保障、医疗保健和养老金制度均不成熟，加大了涉足养老产业的风险和成本。如果没有强有力的政策支持，投资者就不愿进入此行业。二是土地供应不足。地方重视程度较低，在土地规划布局方面没有给养老产业提供充分的空间。在“土地财政”的状况下，养老设施在城市、乡镇缺乏布局规划，社会资本很难获取土地。三是专业护理人员和服务机构管理人才严重不足。我国持证的养老护理员仅数万人，安徽仅数千人，按照国际 5∶1 的护理员需求量，缺口将近 40 万人。四是民办养老机构资金短缺。尤其是养老机构土地不能抵押，严重制约融资。政府贷款贴息主要针对公办养老服务部门，对民营机构缺乏支持。五是老年医养结合、服务能力、医保结算、政策引导等方面还存在诸多制约因素。“421”的家庭结构使得传统家庭的养老功能日益弱化，社区养老、机构养老的需求日益增长。老年人多元化的养老服务需求与现有的养老资源供给不平衡、不匹配，医养融合发展水平较低，居家服务相对滞后，供需矛盾较为突出。六是养老服务信息化程度不高。面对我省养老服务业发展过程中存在的突出问题，市场和社会相关主体都强烈要求制定相关政策法规，以促进我省养老服务业健康稳定发展。

二、安徽养老服务业政策的构成

一方面，2017 年安徽省健康养老产业相关“十三五”规划正式发布，奠定了我省健康养老产业未来五年发展的整体框架；另一方面，在关于养老院服务质量建设专项行动以及养老机构业务管理与发展监测等方面，安徽省采取了多项重要举措，实施养老服务机构服务质量整治与监管的各项政治举措。在标准化、规范化层面，安徽省也出具了详细和规范的养老服务机构的服务标准与规范政策，并从多方面辅助政策落地实施。综上所述，安徽省健康养老产业自 2017 年后的政策重点内容可以归纳为以下四点：

（一）“医养结合”成为“十三五”规划的重点趋势

自 2015 年“医养结合”概念的提出，四年来国家关于医养结合发展的政策频发，政策不仅从养老服务机构角度鼓励与康复医院等医院的合作，同时也鼓励医院等医疗机构同养老服务机构合作。

2017 年 7 月，安徽省人民政府出台《“十三五”安徽省老龄事业发展和养老体系建设规划》（以下简称《规划》），其发展目标之一就是使以居家为基础、社区为依托、机构为补充、医养相结合的养老服务体系更加健全。该《规划》提出，至 2020 年底，符合标准的社区养老服务设施覆盖所有城市社区，乡镇社区养老服务设施的覆盖率稳定在 90％以上，农村社区养老服务设施的覆盖率稳定在 80％以上，政府运营的养老床位数占当地养老床位总数的比例不超过 30％，护理型床位占养老床位总数的比例不低于 30％，65 周岁以上的老年人健康管理率力争达到 80％。

安徽省人民政府办公厅制定的《安徽省构建多层次养老服务体系（2018—2020年）行动计划》则聚焦养老服务发展不平衡不充分的问题，主张构建养老、孝老、敬老政策体系和社会环境，不断优化以居家为基础、社区为依托、机构为补充、医养相结合的养老服务供给，着力补齐城市居家养老和农村养老服务短板，大力推动养老机构提质增效和医养结合深入发展。力争到2020年，全省多层次的养老服务体系进一步完善，基本养老公共服务能力大幅提升，养老产业加快发展格局基本形成，全省老年人养老服务获得感明显增强。

（二）康复护理型床位与服务建设受重视

《安徽省人民政府办公厅关于全面放开养老服务市场提升养老服务质量的实施意见》指出：至2020年，养老服务市场全面放开，养老服务和产品有效供给能力大幅提升，供给结构更加合理，养老服务政策、法规体系、行业质量标准体系进一步完善，信用体系基本建立，市场监管机制有效运行，服务质量明显改善，群众满意度显著提高，养老服务业成为促进经济社会发展的新动能。城乡社区居家养老服务网络基本成型，社会力量运营的养老床位占比不低于70％，护理型床位占比不低于30％。

（三）公办民营试点正当时

《“十三五”安徽省老龄事业发展和养老体系建设规划》指出，要加快公办养老机构改革。强化公办保障性养老机构托底保障功能，实行老年人入住评估制度，优先保障特困供养人员集中供养需求和其他经济困难的失能、失智、失独、空巢、留守、高龄等老年人的服务需求。有条件的公办养老机构应设置专护区，优先保障政府供养对象中的失能失智老年人、计划生育特殊困难家庭老年人和老年残疾人集中养护需求。加快推进具备向社会提供养老服务条件的公办养老机构转制为企业。制定社会力量运营公办养老机构的管理办法，积极推进公建民营。允许公办养老机构以设施设备等作价入股，与社会力量共同建设和运营养老机构。政府投资建设和购置的养老设施、新建居住（小）区按规定配建并移交给民政部门的养老设施、党政机关和国有企事业单位培训疗养机构等改建的养老设施，均可实施公建民营。

同时，《安徽省人民政府办公厅关于全面放开养老服务市场提升养老服务质量的实施意见》也指出，要加快推进具备向社会提供养老服务条件的公办养老机构转制成为企业或开展公建民营，到2020年政府运营的养老床位数占当地养老床位总数的比例应不超过30%。盘活公办养老机构、医疗机构闲置床位，扩大社会养老服务资源。鼓励社会力量通过独资、合资、合作、联营、参股、租赁等方式，参与公办养老机构改革。完善公建民营养老机构管理办法，政府投资建设和购置的养老设施、新建居民区按规定配建并移交给民政部门的养老设施、国有单位培训疗养机构等改建的养老设施，可依法依规实施公建民营。改革公办养老机构运营方式，鼓励实行服务外包。

（四）智慧养老政策应运而生

智慧养老是运用互联网、物联网、云计算、大数据等现代信息技术和智能终端产品，促进养老科学管理和服务智慧化的新理念、新模式。推进智慧养老建设，对贯彻落实创新、协调、绿色、开放、共享的发展理念，推进供给侧结构性改革，培育和发展养老服务新业态，不断满足老年人多层次多样化的养老服务需求，提升养老服务质量和效率，促进信息消费增长，建设“五大发展”美好安徽具有重要意义。

《安徽省关于推进智慧养老建设的指导意见》以“政府引导、社会参与，创新应用、开放共享，智慧高效、安全可控”为基本原则，以期到2020年，多层次、多样化的智慧养老服务体系基本形成，生活照料、医疗卫生、健康照护、文体娱乐、精神慰藉等养老服务智慧化水平显著提高，服务更加高效，管理更加精准，养老智能终端产品应用更加广泛。同时建立10家示范智慧养老机构，打造一批智慧养老社区和服务品牌。智慧养老服务业发展环境不断优化，智慧养老服务标准逐步完善，信息安全保障能力大幅提升。

2018年4月，安徽省民政厅和财政厅联合下发了《社会养老服务体系建设实施办法》，对发展养老服务业给出了具体的指导意见。该办法坚持以人为本的方针，主张开展智慧养老机构创建工作，推广配置安全监控、健康护理、生活服务等智能设备，为老年人提供入院能力评估、无线定位救助、活动监测、行为智能分析、亲情视频沟通、门禁系统联动等智慧养老服务。推进居家养老服务智慧化，鼓励社会力量通过建立养老服务信息平台、远程居家照护服务系统等方式，提供助餐助医、助急、护理等服务。对纳入智慧养老机构创建试点的养老机构，给予一定的补助。

三、安徽养老服务业的政策效果

为更好地解决我省养老服务业整体发展缺乏长远规划、养老机构产权不清晰、未能有效实现市场化运作、民办养老机构发展缓慢、养老服务业信息化程度不高等问题，同时更好地与《“十三五”国家老龄事业发展和养老体系建设规划》（国发〔2017〕13号）相衔接，贯彻落实《国务院关于印发新一代人工智能发展规划的通知》（国发〔2017〕35号）、《国务院办公厅关于全面放开养老服务市场提升养老服务质量的若干意见》（国办发〔2016〕91号）、《工信部、民政部、国家卫生计生委关于印发〈智慧健康养老产业发展行动计划（2017—2020年）〉的通知》（工信部联电子〔2017〕25号）等国家性文件，结合我省最新规划文件精神，安徽省人民政府陆续出台《“十三五”安徽省老龄事业发展和养老体系建设规划》《关于推进智慧养老建设的指导意见》《关于全面放开养老服务市场提升养老服务质量的实施意见》和《社会养老服务体系建设实施办法》等政策文件。这些政策文件严格贯彻党中央国务院、省委省政府关于积极应对人口老龄化的重要决策部署，对于保障和改善民生，增强老年人参与感、获得感和幸福感，实现全面建成小康社会奋斗目标具有重要的战略意义，在推进我省养老服务业发展过程中都起到了积极的促进作用。具体表现如下：

一是健全养老服务体系。健全以居家为基础、社区为依托、机构为补充、医养相结合的多层次养老服务体系，加快构建养老、孝老、敬老政策体系和社会环境，满足居民日益增长的多样化养老需要，让广大老年群体享受优质养老服务，切实增强人民群众的获得感。

二是创新养老服务供给方式。养老政策鼓励和支持社会力量多形式、多渠道地参与老年社会福利事业，促进公办民营和医养结合的养老服务产业发展，形成了以居家为基础、社区为依托、机构为补充、医养相结合的养老服务供给体系，丰富了社区居家养老服务的供给方式和供给内容。

三是发挥信息技术产品的作用。相关政策倡导建立多层次、多样化的智慧养老服务体系，推动“互联网＋养老”创新发展。随着智慧养老服务业的发展环境不断优化，智慧养老服务标准逐步完善，信息安全保障能力大幅提升。

四、安徽养老服务业的完善与发展

（一）存在的问题

为落实《“十三五”国家老龄事业发展和养老体系建设规划》（国发〔2017〕13 号），安徽省陆续出台了配套性的关于促进养老服务业加快发展的实施意见，对促进养老服务业发展发挥了积极作用。但是，在政策的实际制定与落实过程中，还存在一些难点，集中表现在统筹协调难度大、规章制度准备不足、人员经费捉襟见肘以及养老保险缺口严重等四个方面。

统筹协调难度大。养老服务业发展涉及民政、工商、国土、发改、逐渐、规划、卫生、环保等多个职能主管部门，具体操作难度大。目前养老各主管部门的联动性不强，分工过于条块化，协作程度不高。主管部门频繁出台鼓励支持养老服务业发展的利好政策，但政策之间的壁垒尚未完全打破，融合度、协调性不够。在具体执行中，基层相关部门职能按照各自原有政策实施，导致部分新政策无法有效落实。

规章制度准备不足。目前我国的养老政策体系仍处在初创和完善的阶段，由于规章制度准备不足，我国养老领域仍然存在着“无规可依”的问题，亟待通过不断实践来予以完善。

人员经费捉襟见肘。随着经济进入新常态，地方财政收入呈现出中低增速，导致各级政府在养老服务业领域难以大规模投入更多的财政资金。目前，财政资金对养老服务业的支持力度主要集中在养老服务设施建设方面，对设施运营补贴的力度十分有限。此外，基层政府专门从事养老工作的公务员编制严重不足，影响养老服务业发展和上级政策及时有效落实。

养老保险缺口严重。社会养老保险作为一项兜底的保障措施，按照当前的征缴和支出水平以及欠费、统筹、管理等方面的问题，很多地市已经出现严重的资金缺口，历年的累计结余大部分已被消耗，主要依靠中央财政支持。

（二）完善与发展

第一，加强部门间协作，大力推进医养结合。加强民政、卫生、人事、医保、税务、财政等部门间的协作和信息共享，尽快联合出台统一政策，对医养结合型养老机构实行卫生准入、民政扶持、医保定点，从而积极推动医养融合健康发展。

第二，完善金融扶持政策，加大专业人才培育的力度。一方面，积极协调银行等金融部门支持社会养老机构的信贷需求，支持对非营利性的养老机构落实资产抵押和优质企业信用贷款。另一方面，合理利用公共资源，为社会养老机构提供专业的养老服务人才培训，同时加快培育从事社会养老服务的志愿者队伍，逐步形成“专业人员＋志愿者”的联动工作机制，为有需求的老年机构提供各种公益服务。

第三，鼓励社会力量进入养老服务业，建立多层次的养老保险体系。分类推进社区养老服务设施建设，充分发挥社区养老服务设施对居家养老的支持作用；支持社会力量兴办养老机构，推动养老机构的发展。同时建立健全政府购买养老服务制度，创新养老服务供给方式，完善全省养老机构综合责任保险制度，提升养老机构的服务保障水平。

第二节　安徽养老服务业的经济环境

一、安徽经济和财政发展状况

（一）安徽经济状况

安徽省地处中国华东地区，地跨长江、淮河区域。最新统计数据显示，2018年安徽省实现生产总值30006.8亿元，首次突破3万亿元大关，名义增速约为11%。安徽省排名全国第13位，人均GDP不到全国人均GDP的80%，位列全国第21位，总体富裕程度较低。其中，合肥GDP未能突破8000亿元，GDP总量和人均GDP均位居全省第一，芜湖位居第二。黄山市GDP总量全省最低，但人均GDP约为4.9万元，高于全省人均GDP。阜阳市人均GDP全省最低，不到全省人均的二分之一。可以看出，安徽省各个市之间的经济发展水平差距较大（表2-1）。

表2-1 2018年安徽省各市GDP及人均GDP

城市	2018年GDP（亿元）	2017年GDP（亿元）	名义增长（%）	2018年人均GDP（万元）
合肥	7822.90	7003.05	11.71	9.82
芜湖	3278.53	2963.26	10.64	8.87
马鞍山	1918.10	1710.09	12.16	8.33
安庆	1917.60	1708.83	12.22	4.13
滁州	1801.80	1604.39	12.30	4.42
阜阳	1759.50	1571.12	11.99	2.17
蚌埠	1714.70	1550.66	10.58	5.08
宿州	1630.22	1466.45	11.17	2.88
宣城	1317.20	1185.56	11.10	5.04
六安	1288.10	1168.05	10.28	2.68
亳州	1277.19	1149.79	11.08	2.47
铜陵	1222.40	1122.1	8.94	7.6
淮南	1133.30	1060.18	6.90	3.25
淮北	985.20	924.01	6.62	4.42
池州	684.90	624.35	9.70	4.73
黄山	677.90	611.32	10.89	4.9

数据来源：中国统计局。

安徽省经济水平虽然处于不断上升的状态，但安徽省各个市的养老压力越来越大，深度老龄化是当前以及今后一段时间的基本省情。我省自1998年就已进入老龄化阶段，近几年，随着人民生活水平的提高，医疗卫生事业的不断发展，人口寿命延长，我省老年人口数量逐年增多。我省是典型的人口流出大省，外出人口多以中青年为主，导致我省常住人口老龄化程度加深，社会抚养负担进一步加重。2017年，全省常住人口中，0～14岁人口1163.4万人，占18.6%，比上年上升0.29个百分点；15～64岁人口4317.1万人，占69.02%，下降0.67个百分点；65岁及以上人口774.3万人，占12.38%，上升0.38个百分点。而全国的人口年龄结构中，0～14岁人口23348万人，占16.8%；15～64岁人口99829万人，占比71.8%；64岁以上有15831万人，占比11.4%（表2-2）。安徽省人口年龄结构已向老年型转变，养老服务需求迫切。

表2-2　安徽各市人口年龄结构

地区	总人口（万人）	年龄构成（%）			抚养比		
		0～14岁	15～65岁	65岁及以上	总抚养比	少儿抚养比	老年抚养比
全国	139538	16.8	71.8	11.4	39.2	23.4	15.9
全省	6254.8	18.6	69.02	12.38	44.88	26.94	17.94
合肥市	796.53	15.43	72.44	12.13	38.05	21.3	16.75
淮北市	222.79	17.63	70.89	11.48	41.07	24.87	16.19
亳州市	516.88	26.45	63.38	10.17	57.77	41.72	16.04
宿州市	565.69	22.74	64.65	12.61	54.67	35.17	19.5
蚌埠市	337.67	19.85	68.87	11.28	45.2	28.82	16.38
阜阳市	809.26	25.19	64.06	10.75	56.09	39.31	16.77
淮南市	348.7	18.14	67.99	13.87	47.08	26.68	20.39
滁州市	407.62	15.55	72.18	12.27	38.55	21.55	17
六安市	480.03	18.17	69.06	12.77	44.82	26.32	18.5
马鞍山市	230.16	13.09	71.23	15.68	40.39	18.37	22.02

（续表）

地区	总人口（万人）	年龄构成（%）			抚养比		
		0～14岁	15～65岁	65岁及以上	总抚养比	少儿抚养比	老年抚养比
芜湖市	369.62	13.76	73.10	13.14	36.81	18.82	17.99
宣城市	261.38	13.38	72.52	14.10	37.89	18.45	19.45
铜陵市	160.8	14.68	72.39	12.93	38.15	20.28	17.87
池州市	144.93	14.67	73.43	11.90	36.19	19.98	16.21
安庆市	464.29	15.52	71.76	12.72	39.36	21.63	17.72
黄山市	138.44	13.87	71.67	14.46	39.54	19.36	20.18

数据来源：《安徽统计年鉴》。

（二）安徽财政收支状况

2018 年，安徽省财政收支运行稳中有进，好于预期，全省财政总收入完成 5363 亿元，比上年增长 10.4%；其中，地方财政收入 3049 亿元，同比增长 8.4%，地方财政收入中的税收占比为 71.5%，较上年提高 1.4 个百分点，收入质量进一步提升；全省财政支出超过 6500 亿元，为全省经济持续健康发展和社会大局稳定提供了坚实的财政保障。2018 年合肥市财政收入为 1378.3 亿元，增长 10.2%，同比上年增加 127.2 亿元，增量和总量位居安徽省首位。2018 年芜湖市财政收入为 603.0 亿元，增长 8.0%，同比上年增加 44.6 亿元，增量少于阜阳市，总量全省第二。阜阳市、滁州市和安庆市全年财政收入超过 300 亿元，以 324.8 亿元、324.5 亿元、308.9 亿元位列全省 3～5 位，阜阳市全年增量 47.7 亿元，超过芜湖全年增量。蚌埠市、马鞍山市、宣城市、六安市和亳州市均超过 200 亿元，以财政收入 294.7 亿元、270.7 亿元、240.1 亿元、205.2 亿元和 200.1 亿元位列全省 6～10 位。铜陵市、宿州市、淮南市、淮北市和黄山市均超过 100 亿元，财政总收入分别为 180.5 亿元、175.8 亿元、173.9 亿元、128.9 亿元和 113.9 亿元，位列全省 11～15 位。2018 年，池州市财政总收入 107.2 亿元，增长 5.0%，位列全省末尾，增速最低（表2-3）。

表 2-3　2018 年安徽省各市财政收支及人均财政收支

地区	财政收入（亿元）	财政支出（亿元）	人口（万人）	人均财政收入（万元）	人均财政支出（万元）
全省	5363.00	6572.00	6254.00	0.86	1.05
合肥	1378.30	1004.90	796.00	1.73	1.26
芜湖	603.00	457.00	369.00	1.63	1.24
阜阳	324.80	573.80	809.00	0.40	0.71
滁州	324.50	406.00	407.00	0.80	1.00
安庆	308.90	420.20	464.00	0.67	0.91
蚌埠	294.70	295.80	337.00	0.87	0.88
马鞍山	270.66	226.34	230.00	1.18	0.98
宣城	240.10	289.40	261.00	0.92	1.11
六安	205.20	412.70	480.00	0.43	0.86
亳州	200.11	343.40	516.00	0.39	0.67
铜陵	180.50	154.30	160.00	1.13	0.96
宿州	175.80	396.60	565.00	0.31	0.70
淮南	173.90	245.20	348.00	0.50	0.70
淮北	128.90	166.70	222.00	0.58	0.75
黄山	113.85	185.50	138.00	0.83	1.34
池州	107.20	153.60	144.00	0.74	1.00

数据来源：中国统计局。

虽然近几年安徽省的财政收入不断增加，但是从表 2-3 中我们也可以看出，安徽省的财政支出大于财政收入，人均财政收入和人均财政支出也处于入不敷出的状态。大部分城市也是处于这种支出大于收入的状态。随着我省的养老压力越来越大，这样的财政收支水平将更加满足不了我省的养老需求。

二、安徽社会保障支出及医疗支出状况

（一）各市社会保障支出状况

国家为城乡居民年老、疾病、失业、灾害或丧失劳动能力时，以集中或分散的形式，提供必不可少的基本生活保障，统称为社会保障。与此相适应，所建立的用于社会保障需要的专门资金，称为社会保障

基金；用于社会保障需要的支出称为社会保障支出。社会保障主要包括社会保险、社会救济、社会优抚和社会福利等内容，是公共福利的重要组成部分。表 2 - 4 是 2016—2017 年安徽省各市的社会保障支出数据。表中还包括各市社会保障支出占总财政支出的比例以及人均社会保障支出。从表中我们可以看出，安徽省社会保障支出在逐年提高，所占比重也不断上升。2019 年，按照国家和省委省政府部署，我省将继续提高企业和机关事业单位退休人员的基本养老金水平。根据最新的养老金上调政策，2018 年安徽省养老金月人均有望达到 2344 元，月人均增加约 112 元。

表 2 - 4 2016—2017 年安徽省各市的社会保障支出数据

城市	2016 年社会保障支出（万元）	2017 年社会保障支出（万元）	2017 年社保支出占财政总支出比重（%）	总人口（万人）	人均社保支出（元）
全省	5560833	6198599	9	7059.15	878.09
合肥市	797788	810201	6	742.76	1090.80
淮北市	154124	200615	16	216.95	924.71
亳州市	397854	421855	21	650.77	648.24
宿州市	286377	322788	18	655.47	492.45
蚌埠市	299211	350046	12	381.25	918.15
阜阳市	671588	765516	24	1070.07	715.39
淮南市	401714	393509	23	389.56	1010.14
滁州市	386940	450355	14	454.25	991.43
六安市	317765	368016	22	588.2	625.66
马鞍山市	212087	283449	10	229.35	1235.88
芜湖市	427100	481486	8	387.65	1242.06
宣城市	259562	301764	13	280.44	1076.04
铜陵市	176472	197209	11	171.1	1152.59
池州市	164678	183002	17	162.36	1127.14
安庆市	404734	463190	14	530.5	873.12
黄山市	202839	205598	18	148.46	1384.87

数据来源：《安徽统计年鉴》。

2017 年安徽省的人均生活消费支出达到 20740 元，平均每月的生活消费支出为 1728.33 元。生活消费主要包括衣、食、住、行等刚性需求，除去这些刚性需求，根据 2017 年调整的养老金（每月 2232 元），安徽省老年退休群体用于购买养老服务的资金不到 1000 元，这对我省的养老服务业发展是非常不利的。再加上政府的社会保障支出在所有财政支出中所占的比例偏低，我省的养老服务业发展面临很大的挑战。

（二）各市医疗支出水平

近年来，随着财政对医疗卫生的投入不断增大，我省医疗卫生机构的服务能力不断提升，个人卫生费用支出占比不断下降。2018 年安徽省对医疗的投入达到了约 580 亿元，医疗支出占财政总支出的比重为 11%，但与其他支出相比，比重相对较低。同时，各个市的医疗支出也有一定的差距。合肥市作为安徽省省会，医疗卫生支出最高，为 754168 万元，但也仅占财政总支出的 5%。所占比重最高的是宿州市，占财政总支出的 28%（表 2－5）。

表 2－5　安徽省各市医疗卫生支出情况

地区	医疗卫生支出（万元）	占 2018 年财政总支出的比重（%）
合肥市	754168	5
淮北市	152631	12
亳州市	443405	22
宿州市	486483	28
蚌埠市	279936	9
阜阳市	693365	21
淮南市	270034	16
滁州市	447998	14
六安市	468496	23
马鞍山市	210962	8
芜湖市	401940	7
宣城市	304891	8

（续表）

地区	医疗卫生支出（万元）	占 2018 年财政总支出的比重（%）
铜陵市	145933	8
池州市	145613	14
安庆市	432325	14
黄山市	162774	14
全省	5800954	11

数据来源：《安徽统计年鉴》。

2018 年安徽人口平均预期寿命为 75.08 岁，进入长寿时代，老年人的生活自理能力和长期照料问题正变得越来越突出。老年人中，生活不能自理的超过 9.21%，养老社会服务的需求迅速膨胀。目前，由于社会转型、政府职能转变、家庭养老功能弱化，养老服务业发展严重滞后，难以满足庞大的老年人群，特别是迅速增长的“空巢老人”、高龄和带病老年人的服务需求。与城市相比，农村养老问题的压力更大。农村老年人以退休金为主要生活来源的比例一直很低，2018 年约为 8.1%，绝大多数农村老年人要活到老干到老，70 岁以后普遍依赖子女的经济供养。因此，医疗卫生支出的增加反映了老龄化程度的加剧以及我省养老服务业面临的压力。

第三节　安徽养老服务业的社会环境

社会环境是影响某个社会主体存在和发展的外部社会因素的综合。我们把养老服务业的社会环境分为文化环境和技术环境两个方面。

一、养老文化环境

养老文化主要是指人们多年来形成的以家庭或社会为主体，为老年人提供物质生活保障、日常生活照顾、心理精神安慰等养老需求方面的传统思想观念、社会伦理取向和相关制度的规范。养老文化可以分为三个层次。

一是观念养老文化。首先是人类关于老人价值的认识。古代社会生产力水平低，生存资料匮乏，存在抛弃老人的陋习。随着文明程度的提高，人们认识到老人知识传承的价值，认识到血亲关系对人类文明的基础作用，于是形成了尊老传统；近现代社会，文明的进步依靠科技创新，老人的文化创造和传承的价值降低，但人权概念确立了现代人以平等为基础的老人价值观。其次，以养老责任为核心的养老观。一般而言，可以分为三类：第一类认为责任在家庭，主要是子女；第二类认为责任在社会，这是传统社会对于鳏寡孤独老人养老责任的补充，一般由宗教组织、家族组织和各类慈善组织承担这个责任；第三类认为责任在政府，这是现代社会基于人权观念而形成的政府养老责任观，老有所养是每一个人所应有的权利，承担这一责任的是政府。

二是制度养老文化。制度养老文化是观念养老文化在社会制度中的体现，它是社会对如何实现老有所养的制度安排。不同社会有不同的制度养老文化。通常有三类基本制度：一是家庭养老制度，即由家庭承担养老责任和养老服务；二是社会养老制度，由社会组织提供养老责任和服务；三是政府养老制度，由政府承担养老责任和养老服务。在现代社会，养老的责任主体和服务发生分离，责任主体可能不再是服务者，而服务者不是出自义务而是一项职业活动，从而派生出各类次生养老制度。

三是行为养老文化。行为养老文化指具体的养老活动。养老活动包括服务人员、服务设施以及相应的服务者与老人的互动关系。它可以分为三个类别：物质型养老，为老人提供衣食住行；护理型养老，对失能老人提供照料；精神性养老，为孤独老人提供精神生活。

养老文化环境可以区分为传统养老文化和现代养老文化两个基本类型。传统养老文化主要是以传统孝道为核心的家庭养老文化。其主要内涵是：第一，尊敬老人；第二，养老是子女的责任；第三，家庭是养老的主要形式，家庭为老人提供物质供养、生活照料和精神慰藉。现代养老观是以效率为核心的政府养老文化。其主要内涵是：第一，父母子女平等；第二，养老的主要责任在政府；第三，养老不一定在家庭，采取何种形式取决于效率，通常以牺牲老人的情感生活为代价。安徽传统的养老文化的特点主要表现为从传统养老文化向现代养老文化的过渡以及过渡中产生的各种现象。

从积极方面来看，安徽养老文化环境有以下几个方面。

第一，公众对于养老责任的共识。养老责任由政府和家庭共同负担，城市居民的养老，政府承担的责任包括养老金的发放、部分医疗费用的保障和社区服务的无偿提供。家庭则需要承担老人尤其是失能老人的生活服务、老人的精神慰藉责任。农村人也有了类似的看法，只不过，由于我省经济条件的限制，农村还无法和城市一样发放足够多的养老金。第二，公众对机构养老的逐步接受。这体现为在县以下的乡镇开办的老年公寓数量日益增长，许多农民已经懂得区分老年公寓和农村敬老院，有子女的老人入住老年公寓不再是丢脸的事情。第三，儿子和女儿对父母的养老责任趋向平等。随着安徽城市化进程的深化和进城务工农民的增多，养老面前子女平等的观念蔓延到了农村。第四，自我养老意识日益浓厚。不给儿女找麻烦已经成为中老年人的基本意识。老人爱健身，中年人特别是中年妇女热心养生和保健，基本形成了潮流。这种现象体现为安徽人均预期寿命的不断延长。2007年，安徽人均预期寿命为74.8岁，2010年为75.8岁，2015年为76.4岁，2017年为76.7岁，10年增长1.9岁。

从消极方面来看，安徽养老文化环境存在以下不良现象。一是厌老现象。宠小厌老现象在全国大有滋长之势，安徽概莫能外。老人生理机能下降会出现一些生理现象，如体味异常，智力、语言能力和行动能力退化等，这往往令年轻人嫌弃；还有生活方式的差异、物质生活的快速发展带来了代际之间的巨大代沟，年轻人看不惯老年人的生活习惯，等等。二是弃养现象，这通常发生在农村多子女家庭。由于在养老责任分担上相互扯皮，子女以各种理由对老人弃养。在有的地区，甚至把养老责任推给扶贫办。办法是给老人单立户口，从户口看，老人是一个无依无靠无收入来源的贫困人口，属于扶贫对象。这种做法还成为经验，被人效仿。三是啃老和代际剥削现象。啃老是指青年人成年之后还要靠父母养活，买房靠父母，结婚靠父母，带孩子还要靠父母，父母成了倒贴子女的免费保姆。代际剥削则是农村发生的类似现象，农村老人要为子女建房，娶媳妇，带孩子。安徽是农民工输出大省，许多留守儿童基本上靠祖父母带大。这些留守老人一边带孩子，一边做农活，基本谈不上安享晚年。四是对老人的污名化。最典型的就是网上时常发布“不是老人变坏了而是坏人变老了”的新闻。这些消极现象发生的原因主要是安徽城乡现代化过程中的经济发展、社会观念都处于急剧变迁的过程之中，需要通过经济社会的持续发展来解决。

二、安徽养老服务业的技术环境

养老技术环境主要是指影响养老服务业发展的各自技术因素的总和。这些技术可以分为器械技术、医疗技术、护理技术和沟通技术四个方面。下面分别描述这些技术在安徽的普及状况。

养老器械技术，主要是养老所需要的各种设备，包括护理器械、运动器械、康复器械等。在安徽，使用护理器械的主要是养老机构和部分相对比较富裕地方的敬老院和福利院等，使用者主要是失能老人和半失能老人，规格越高的养老机构，使用这类产品的越多。这类产品按产地不同，分国内和国外两大类，国外主要产地是日本和德国，国内产地主要是沿海地区的仿制品，价格和品质的差别比较大。目前的护理器械销售十分火热，每年都有很多展销会。安徽各市的城市社区或多或少都有一些运动器械，这些器械来自体育彩票，设备供社区居民公用，但主要是老人使用。康复设备主要是城市老年人康复中心和规格较高的养老机构使用，使用者为行动能力受损需要恢复的老人。

医疗技术的重点是医养结合方面。2015 年 11 月，国务院《关于推进医疗卫生与养老服务相结合的指导意见》指出：我国计划到 2020 年，基本建立符合国情的医养结合体制和政策法规体系，实现医药卫生与养老服务资源共享，融合发展，基本适应健康养老服务需求，由此开启了我国医养结合的政策导向。作为对国家医养结合政策的落实，《“十三五”安徽省老龄事业发展和养老体系建设规划》也明确规定了医养结合的实施方案，于 2018 年 4 月和 2019 年 2 月分别公布了两批医养结合试点单位，有力推动了医疗技术向养老服务的渗透和融合。目前，安徽医养结合主要体现为两个方面：一是医疗机构向城市社区的渗透，在符合规定的社区，均有专业医疗机构的医护人员到社区定点定时为老人提供免费服务，老人有病就近就诊，大大提高了社区老人的医疗服务水平。二是医疗机构与医疗技术的结合，分为三种途径：(1) 高规格的养老机构办医疗服务，如阜阳市老年公寓，自办医院，不以赚钱为目的，而是着眼于满足老人的医疗服务；(2) 医院办养老机构，如颍上县人民医院，自己开办了养老机构；(3) 普通养老机构和附近医院签订协议，由医院提供医疗技术服务。在这方面，安徽所存在的问题主要是在农村，农村为老人提供的医疗技术服务水平低、成本高。根本原因在于农村经济发展水平低，农村老人医疗技术服务的购买力低，医疗部门提供医疗技术的成本太高。

安徽养老护理技术的发展分为两个阶段。早期即 21 世纪初，民间养老机构外出学习护理技术。当时有偿培训养老护理员的著名机构只有天津鹤童等少数几家，安徽早期做养老机构的负责人的护理技术基本来自这类机构的培训，再由自己教会员工。2002 年劳动部和民政部颁布了《养老护理员职业标准》，2006 年 8 月《中国老龄事业发展“十一五”规划》进一步提出：“扩大为老服务队伍的要求。加快老龄产业人才培养，特别是老龄产业管理人员、服务人员的培养。建立职级评聘体系，编制养老护理员国家职业标准和培训教材。根据国家职业标准，组织开展养老护理人员职业培训和鉴定工作。在有条件的普通高等学校和中等职业学校开设老年学、老年心理学和护理服务等课程。养老机构和社会培训机构要适应市场需求，培训养老护理员和服务员，落实持证上岗制度，逐步建立覆盖全国城乡的基层养老服务队伍。”为落实这一政策，安徽也开始了由民政部门实施的免费培训养老护理员的项目。特别是《“十三五”安徽省老龄事业发展和养老体系建设规划》实施之后，这一政策的落实成效十分显著。整体上建立了多层次的护理员培训体系。最底层是高规格的养老机构，他们具备了培训资质，可以为当地一般养老机构培训初级护理员，颁发初级护理员资格证。中层培训来自各类护理员培训学校，由民政部门和劳动部门的项目出资，一般委托给专业学校实施，为养老机构和社区培训养老服务人员，所培训的层次高于养老机构的业余培训。高层次的培训是大专院校的专业护理教育，安徽的各医科大学都开设了护理系，职业大专也开办了护理专业，这些学校的毕业生属于高级护理人才，毕业之后有的进入医院，也有的进入了养老机构和社区机构，成为带动医疗护理技术普及和发展的骨干力量。

沟通技术主要是互联网技术在养老领域的运用。移动互联网技术的普及，使得养老服务的沟通技术得到了全面普及。在微观上，护理人员、老人和老人家属之间通过微信建立联系。在养老机构和社区层次，通过微信群建立老人、老人家属和养老机构或社区机构之间的相互联系。在宏观层次，则是养老服务平台技术。目前安徽各地民政部门都在推动养老平台建设。通过平台，把居家养老的老人和老人家属的需求与提供养老服务的商家和医疗机构联系起来，为老人提供养老服务。这种智慧化的养老服务平台在安徽各市陆续建立。最早打造养老服务平台的是芜湖市。2013 年，芜湖市开始建设智慧健康养老服务系统，该系统被评为全国首批社区综合信息服务平台试点项目、全国社会救助内涵发展试点项目。当前芜湖援通智能化养老服务中心是安徽省功能最强的养老服务平台，它是智能化养老信息平台、96365 生活服务平台、养老机构信息管理平台、老年人能力评估平台、“智慧管家”家庭监护平台、“家庭医生”健康管理平台、志愿者服务管理平台等“七位一体”的多功能一体化平台。为执行“十三五”时期安徽养老行动规划，安徽省各市在纷纷建设养老服务平台建设。2014 年 12 月安庆市成立庆源智能居家养老健康产业服务中心，以建立市区老年人信息平台数据库为基础：以居家养老服务信息平台为中心，建立一座集紧急救援系统、数字网络系统为一体的高效实用的智能化居家养老服务信息平台管理系统。2016 年 8 月，池州援通养老服务有限公司成立，为池州市提供养老信息服务。2016 年 12 月，阜阳市佳安智慧养老服务中心是皖西北地区最大的智慧养老呼叫服务中心。2016 年 11 月，蚌埠成立了安徽智多星养老众创空间有限公司，2017 年开始提供养老平台信息服务。2017 年 5 月，滁州市建设养老服务信息平台，设立智能化呼叫中心，利用平台免费提供的智能终端老人足不出户就可享受紧急救援、生活照料、家政服务、精神关怀等服务。2017 年 6 月，淮南市东华养老服务中心免费为市（县、区）民政部门搭建了淮南市养老机构数字化管理云平台——市援通智能机构养老管理云平台。2018 年各市都纷纷建设养老服务平台。2018 年 6 月，宿州市政府批准《2018 年宿州市社会养老服务体系建设实施办法》（以下简称《办法》）。该《办法》提出，推进居家养老服务智慧化，鼓励社会力量通过建立养老服务信息平台、远程居家照护服务系统等方式，提供助餐、助医、助急、护理等服务。2018 年 8 月，铜陵市民政局开始实施建设"智慧养老平台＋居家养老"服务项目。2018 年 10 月 9 日，合肥市政府审议通过《合肥市构建多层次养老服务体系（2018—2020 年）行动计划》，根据这一行动计划，合肥市将打造居家养老服务三级中心；2020 年，实现全市乡镇养老服务中心全覆盖；2020 年底前，建成合肥市养老服务综合平台。2018 年 12 月，淮北市政府通过《淮北市居家和社区养老服务改革试点实施方案（2018—2020 年）》，开始了智慧养老机构创建试点，鼓励社会力量通过建立养老服务信息平台、远程居家照护服务系统等方式，提供助餐助医、助急、护理等服务。在 2014 年 8 月开通 12349 居家养老服务平台之后，2018 年 12 月，黄山市首家智慧养老云平台上线。2019 年 4 月，宣城市发布《宣城市 2019 年社会养老服务体系和养老智慧化建设实施办法》，整体推进智慧化养老服务建设，包括智慧养老机构创建、智慧社区居家养老服务项目建设、市县级智慧养老综合数据中心和应用平台建设、"养老机构＋社区居家养老"智慧化融合发展。

第三章　安徽养老服务业需求分析

第一节　安徽养老服务业需求的影响因素

一、老人需求的一般状况

老人可区分为低龄老人、中龄老人和高龄老人，不同年龄段的老人有不同层次的养老服务需求。

低龄老人通常是指 60 岁到 69 岁的老人[①]，他们的养老形式一般是居家养老，对养老服务的需求主要是社会参与。这些老人的身体机能比较好，行动能力和思维能力正常，生活自理能力强，对于生活护理的服务需求程度比较低，在老人群体中满足自己的精神生活。其主要服务需求是社会参与，退休之后和社会联系的基本渠道消失，但本人依然有正常的社会参与能力和参与动机，需要正常的社会参与渠道以发挥余热。这种社会参与渠道，有些老人通过自己的人脉关系获得，有些老人则要依靠社区提供社会活动平台。

中龄老人通常是指 70 岁到 79 岁的老人，他们的养老形式大部分依然是居家养老，但对社区养老服务的需求在提高。一般以 75 岁左右为界，小于 75 岁的自理能力依然很强，类似低龄老人，高于 75 岁的，对社区养老服务的需求就逐步增加了。这一阶段，老人的社会参与需求逐步降低，生理机能有所消退，对重体力活和长时间劳动不适应，

① 国际标准则是 65 岁到 74 岁（余下类推）。但目前我国退休年限尚未改变，故还是使用第一个标准。实际上，中国人口寿命在延长，国际标准更能反映老人养老服务需求的现状。

对精神生活特别是老人之间的交流活动的动机日趋强烈。这些需求通常要依靠老人的家庭成员和社区的服务来满足。

高龄老人通常是指 80 岁以上的老人。其生理机能进一步衰减，部分老人进入了半自理或者全护理状态。其中，大部分老人需要家庭和社区提供养老服务，部分老人需要养老机构提供专业服务，这个时期的老人对养老服务的重点主要是生活护理、医疗护理和精神慰藉，社会交往的需求已经很少了。

二、新老人群体的出现

安徽老年人口结构见表 3－1 所列，中低龄老人构成安徽老人群体的主体部分，年龄越低，越具有新老人的特征。

表 3－1　安徽老年人口结构

年龄结构（岁）	老人总数	城市人数	农村人数
低龄（60～69）	6199818	1272562	4927256
中龄（70～79）	5054826	832329	4222497
高龄（80 岁以上）	3784881	600593	3184288

资料来源：根据 2010 年全国人口调查资料推算。

中华人民共和国成立至今已经 70 周年，1949—1959 年出生的人口均已步入低龄老人的行列，1949 年出生的婴儿则正步入中龄老人。这一代老人有着与以前老人不同的特征，这种特征又影响了他们的生活方式、消费观念和消费行为，从而影响了他们对于养老服务的需求。

这一代老人的特点如下：第一，受教育水平较高，大部分有小学和初中文化水平，即使没有上过学，也参加过扫盲班，几乎都能识字。第二，集体意识强，他们从小到大一直在集体中成长、生活和工作，集体主义精神和道德原则深入骨髓。第三，充满正能量，他们从小接受的是爱党爱国爱社会主义的教育。第四，经历复杂，他们的一生经历了上山下乡、下岗等事件。第五，身体健康，预期寿命更长。第六，经济条件总体上较过去更好，部分上层社会的老人有一定的财富积累。第七，老人分化现象比较明显：一是城乡老人养老金的差别大；二是城市老人中养老金实行双轨制；三是老人退休前的收入差别；四是老人子女社会地位和经济水平的差别。

新老人的上述特点表现在老年生活方面和服务需求方面。一方面，他们还保留了传统老人的许多特征，如帮子女操持教务带孩子，生活不奢华，珍惜家庭生活，等等；另一方面，又有了许多新的特征：第一，偏爱集体行动，譬如跳广场舞。第二，强烈的社会参与动机，他们不但集体意识强，集体活动觉悟高，而且精力旺盛，加上其子女生育率低，闲暇时间比较充裕，以往对集体的热爱转变为对社区的热爱，因而喜欢参加社区组织的各种活动，其中以老党员为最。第三，消费观念转变，不再以艰苦朴素为首选，现在许多老人的穿着打扮色彩鲜艳，讲究品牌。第四，外出旅游包括出国旅游较为普遍，许多经济富裕的子女也把旅游作为对父母带孩子的犒赏。第五，注意身心健康。第六，不同社会阶层的老人有不同的消费观和服务需求。

三、老人收入状况

安徽老人收入由三部分构成：以往的积蓄、养老金、子女提供的赡养费。三者之间的差别可以把老人分为三个层次。

老人的积蓄和养老金大体与之前的社会地位和经济地位相一致，大体分为三个类型或层次。第一类是国家公务员和事业单位退休人员，其在职收入和退休后收入都与级别直接挂钩，级别越高，积蓄越多；级别越低，积蓄越低。退休以后，养老金水平相当于退休前基本工资的80%，养老保障较高。第二类是城市企业职工，分为两种情况：垄断性国企，收入普遍较高，积蓄多；竞争性私企，取决于企业效益的好坏，故而其经济收入和积蓄状况的差别也大，通常会超过第一类老人的积蓄状况，但退休之后这种差别就变得很小，此外，他们的养老金远低于第一类老人，约为其三分之一。第三类是农村老人，由于安徽存在南北差异、市郊和远郊差异、平原和山区差异，农村经济情况千差万别，再加上农村内部的经济分化现象，故而农村老人的积蓄情况很难判断，大体来说，少数农村老人有所积蓄，但大多数老人积蓄很少或者没有积蓄，甚至因为给子女结婚或者生病负债。农村老人进入老年以后的收入来源如下：年满 60 岁之后可以领一笔养老保险金，各地多少不一，一般每月 60 元左右；按承包面积发放的种地补贴；有的城郊老人还有集体土地出租收益或集体经济收益。农村老人的这些收入不及城市老人一月的养老金。

从子女供养情况来看，第一类老人不需要子女提供经济供养；第二类老人有这种需要，但如果子女的经济收入少，反而要补贴子女，许多生活在城市底层的退休职工都存在子女啃老的现象；第三类老人需要子女赡养，但子女提供的赡养费因人而异。

安徽老人的经济状况主要取决于老人的自有积蓄和政府发放的养老金，根据他们之间的差别，也可以把老人划分为三个基本层次，由财政供养的公务员、事业单位人员、高收入垄断国企退休人员、私企业主和高管等，构成第一层次，或者有较高的积蓄，或者有较高的养老金，或者二者都比较可观，他们的养老服务需求是提高老年生活的幸福指数，但人数较少。第二层次是以城市退休职工为主的老年群体，他们积蓄少，或者没有积蓄，主要依靠政府每月发放的养老金养老，各地高低有别，大体在每月平均 2300 元左右，这个收入水平，可以保障老人的基本生活需求，但如果有老年病、慢性病等医药费开支，支出就略显紧张。如果身体处于半失能或失能状态，需要生活护理或医疗护理，就需要子女提供赡养费用了。他们需要的是以生存为目的的基本养老服务需求。第三层次是农村老人，他们没有退休概念，70 多岁下地劳动是很普遍的现象，当他们失去劳动能力，尤其是自理能力之后，养老取决于子女的孝心和经济能力。极少数老人能实现第一层次的养老服务需求，大部分老人能保障老有所养这一基本需求，也有老人处于企求生存而不得的状态。

四、老人的养老服务消费观

老人的消费观大体分为传统型、现代型和折中型三种类型，这种差别分别对应老人的年龄划分，这体现了老年消费观念的代差，很明显体现在中高龄老人和低龄老人之间。中高龄老人的消费观念大多属于传统型，其特征就是崇尚节俭，为子女着想。这种观念体现在养老服务消费方面就是能不花钱就不花钱，小病不治疗，大病不住院，不愿购买家政服务。与之相反则是属于部分富裕的50后低龄老人的养老服务消费观，其特征是注重生活品质。这一代老人有一种补偿心理，以当前的生活为参照系，他们童年以来的各个年龄段都有不幸，趁现在身体好能跑能动，要把各个年龄段的损失都补回来。他们在饮食、保健、服饰、旅游、文体活动、住房等方面都注重质量，追求满意度。基于这种消费观，他们对养老服务的需求也比较丰富，目前，这批老人对养老服务的需求主要是社会参与和完全市场化的经济消费活动，在5～10年之后即他们步入中龄老人之际，对生活护理服务的需求将会明显扩大。介于二者之间的是折中型养老服务消费观，其特点是兼顾消费和储蓄，兼顾自身和子女。

五、老人的家庭状况

影响养老服务需求的家庭状况的主要变量包括儿女情况和居住安排。

子女对老人养老的作用体现为三个方面：一是经济支持；二是精神慰藉；三是生活帮助。在经济支持方面，主要是农村老人子女的责任较重，城市老人的基本生活需求不存在这一要求，但生病住院的费用，需要子女资助。精神慰藉是城乡子女都需要的，尤其是老人失去配偶之后。生活帮助是老人不能完成的重体力活、半失能或者失能之后的生活护理。如果子女提供了这些服务，那么就减少了老人对养老服务的市场需求。

子女数量对老人养老服务需求的影响表现为两个方面：一是养老压力，一般而言，子女数量多，压力分摊之后各人的压力小。目前安徽的中高龄老人都是多子女家庭，有些农村老人家庭就出现了子女扯皮问题，城市低龄老人则是独生子女，独生子女未来面临的养老压力，将会刺激养老服务市场需求的增长。二是居住安排。居住安排是指老人跟子女一起住还是分开住。安徽家庭规模偏小，2016年安徽省卫生和计划生育委员会发布的《安徽省家庭发展报告2015》显示，安徽户均人口规模为2.55人，其中，农村户均人口规模为2.48人，城镇户均人口规模为2.67人，远低于全国户均3.02人的规模，单人居住高出全国7个百分点。2018年笔者在蚌埠市某社区养老调查数据也证实了这一结论。“2+3”模式是目前安徽城市社区家庭的基本模式，祖孙三代分为两个老人组成一个家庭，中青年夫妻和所生的孩子组成一个家庭，偶尔有三代人住在一起的家庭，原因是买不起住房。即使失偶之后，很多老人还是分开居住。安徽省人口中，有1位老年人的家庭所占比例为20.3%，有2位老年人的家庭所占比例为19.9%，有3位老年人的家庭所占比例为0.5%，即调查家庭中有至少1位老年人的占40.7%。家庭中全部是老年人的占所有家庭的20.9%，高于全国6个百分点。其中，农村家庭至少有1位老年人的比例为47.5%，城镇家庭的相应比例为30.0%。这种居住方式对养老需求服务的影响就是市场化的增强。当老人的生活自理能力下降之后，这些老人或老人子女通常会在家政公司购买服务，以解决生活问题，生活能力进一步下降就进入养老机构。这意味着，未来机构养老将是很多老人最后的归宿。

六、老人健康状况

根据上述报告，安徽老人患有慢性病的占比为59.9%，不能自理的老人占比为12.6%，和全国水平相当。随着老人寿命的延长，这种情况日趋严重，尤其是安徽农村地区。安徽农村老年人的患病比例高于全国农村水平，目前安徽农村有63.0%的老人患两种及以下慢性病，患四种及以上慢性病者占6.4%，而在选择机构养老的老人中，两种及以下慢性病者占4.8%，患四种及以上疾病者占53.0%。这种状况，一方面加重了农村老人的医疗费用支出的负担，农村老年人自付的医疗费用占老年人总收入的19.9%，比城镇高近6个百分点；另一方面也对农村不能自理和不能完全自理的老人的护理提出了挑战。目前农村的主流做法是靠子女提供护理服务，如果子女外出打工，开明的做法是将老人送进农村养老机构，农村家政服务和农村社区提供养老服务的能力基本处于空缺状态。

第二节　安徽养老服务业的市场需求

一、健康需求

老人普遍重视身体健康，因为身体不健康，不但给自己带来痛苦，而且给子女带来麻烦。但不同老人对健康需求的关注各有不同。从年龄划分，低龄老人的身体绝大部分比较健康，他们的健康需求主要表现为持续维持这种健康状态，不生病，心情愉快。而满足这种需求的方式主要有：锻炼身体，如广场舞、使用健身器械、购买保健品等。这对养老服务的需求体现为：在个人支付方面，希望未来增加的老年产品多为医疗保健类产品、生活辅助类用品以及娱乐休闲类产品等，在社区服务方面，希望有更多的活动空间和锻炼器材，提供充分的老人活动场所、活动渠道和活动平台。中高龄老人由于疾病，特别是慢性病和老年病的存在，他们对健康的关注体现为医疗方面，主要是治病，尤其是慢性病。老人对健康需求的具体项目从低到高可以分为三个层次：陪同看病和家庭医生服务；社区就近医疗保健和健康咨询；医院定期检查治疗。高龄和失能老人极其需要家庭医生服务，目前城市卫生部门早已实施了该项措施，通过社区医生为老人提供基本的医疗服务，但大部分老人对“家庭医生签约服务”不甚了解。社区与医院合作提供医疗服务也是老人的热点需求。从老人的消费支出来看，安徽老人自费支出的医疗费用约为老人全部收入的20%，其中，农村老人支出高于城市老人支出约8个百分点。体检是目前我省城市为城市老人提供的一项普惠型福利，但农村还没有实施。

二、精神需求

老人的精神需求主要包括老人的情感支持、心理慰藉和文化活动等。调查显示，老人的精神需要高于生活照料需求。这也因为年龄差别、地位差别和城乡差别，而在侧重点和满足方式上有所不同。

中低龄老人通过老年人群体内部交往获得，如组织老人文艺团体活动，组织老年人聚会和参加社区组织的各类活动。其中老年大学的学习是一个重要途径。老年大学由于费用低，管理规范，学员素质较高，没有毕业期限，因而深受城市老人的欢迎。但也正因如此，各市老年大学供不应求，开办分校往往受到场地不足的限制。身体不好的中龄老人和高龄老人，活动能力减退，逐渐退出社会交往，这时候需要在家庭内部满足，由于安徽省家庭规模极其小型化，长期共处的只有老伴，老年夫妻的情感生活成为感情慰藉的重要来源。当老伴去世之后，单身老人的子女应该抽空陪伴老人，这是老人获得感情慰藉的主要来源。其次，社区提供托老所，社区涉老工作人员和志愿者上门聊天，是老人精神生活的第二个来源。

相较于城镇的老年生活，农村的老年生活稍显“无聊”，城市里的老人有着自己的休闲娱乐方式，且城镇有相对完善的基础设施，有环境优美的公园、广场供他们散步、娱乐，等等。而农村老人在养老阶段基本只能带孩子。没有带孩子的老人，子女在外打工，他们成了空巢老人。农村低龄老人通常会在一起打麻将，聊天拉家常，打发光阴。如果行动不便，他们就在家看电视，这是当前安徽农村老人闲暇时间主要的精神生活内容。

三、护理需求

老人的护理需求包括生活护理和医疗护理两大类型。主要需求者都是中高龄老人，尤其是高龄老人。护理需求具体的服务项目，包括日间照料、家政服务、老人食堂和餐饮配送、生活用品代购和户外运动五个部分。调查显示，老人对于生活服务的需求不高，许多社区的日间照料中心运行状况不好。这类服务，通常通过城市家政服务这类市场途径解决，而不必依靠政府提供服务。农村情况则有所不同。由于安徽农村大部分的成年劳动力外出打工，农村成为老人村已是普遍情况。由于子女不在身边，没人照顾，农村老人平日里的小病小灾只能依靠村医院和邻里帮助得以解决。而那些身患疾病、失能或半失能的农村老人此时对于护理的需求就体现出来。老人的护理需求主要表现在日常生活照料方面，由于身体机能衰弱导致生活自理能力下降，使得照料需求成为老人最基本的需求之一。有的老人认为照料需求是最重要的养老需求，这部分老人大多集中在高龄阶段。在具备自理能力的情况下，老人普遍选择自我照顾。当自理能力下降需要得到照料的时候，老人希望提供照料的主体分别是：子女、社会服务、配偶、保姆、其他亲属，其中老人最希望从子女处获得日常生活的照料。很多老人表示子女的负担重，虽希望依靠子女，但在实际选择时会更倾向从社会或其他途径获得日常生活的照料，说明养老服务产业存在巨大的潜在市场。笔者分析照料需求满足度时发现，健康状况和年龄与照料需求满足度有明显关系。健康状况越好、年纪越轻的老人对照料需求的满足度越高，反之越低。这说明健康状况越差、年龄越高的老人对日常生活照料的需求愈发强烈。

医疗护理包括治疗阶段、康复阶段和长期卧床病人的护理。养老服务的医疗护理主要是康复护理和长期卧床病人的护理，也包括失能卧床老人的护理。家庭中，如果有一个长期卧床不起的老人，家属都苦不堪言，其最佳途径是入住养老机构，得到专业护理，既提高了护理质量，同时又降低了护理的人力成本。护理效率的提高，决定了这类老人和病人入住养老机构是未来护理的大势所趋，这也是医养结合发展的内在原因。医护与养护相结合，将是解决这一家庭难题的基本途径。

第三节　安徽养老服务业存在的需求挑战与新形势

中国老龄科学研究中心发布的《中国城乡老年人生活状况调查报告（2018）》显示，除了上门看病、做家务、康复护理等服务位居需求前列以外，10.6％的老年人需要心理咨询或聊天解闷服务，10.3％的老年人需要健康教育服务。老年人的闲暇生活更加注重品质和时尚，旅游日益成为老年人精神生活的新选择。老年人更加渴望丰富多彩、富有尊严的晚年生活。这些新变化要求我省养老服务业加快发展、提质增效。安徽省养老服务体系建设开端良好，养老需求较大，但是尚未转化成产业发展所需的市场需求，并不能直接推动养老服务产业的发展，这也为安徽省养老服务业发展提供了方向。

1998年，安徽省就已进入老龄化阶段。近些年，安徽省老年人口逐年增加，增长速度加快，需求层次不断提高，其服务需求从简单的生活照料需求向多层次、多样化、个性化需求转变，社会角色从过去被动接受照顾型向主动寻求社会参与型转变。除养老需求外，老人对医疗、康复和护理的需求也日渐增加。

一、安徽养老服务业存在的需求挑战

（一）安徽养老服务业存在着明显的有效需求不足

目前安徽省的养老需求尚未转化成产业发展所需的市场需求，因此并不能直接推动养老服务产业的发展。

（1）大多数老年人倾向于不脱离家庭的养老服务，这对于一般意义上的市场性养老服务来说有较大差距。崇尚节俭和为子女着想是影响老年人养老服务需求的两个重要因素，二者均可能降低养老服务需求。另外，“养儿防老”的传统思想也使一部分老年人倾向于家庭养老，或者社区居家养老。

（2）许多老年人对于市场性养老服务需求是一种被动选择，而不是主动要求。由于身体机能下降、自理能力减弱、失偶等原因，一部分老人不得不选择市场性养老服务。

（3）对于希望获得市场性养老服务的老年人来说，目前的收入水平在很大程度上制约着其对养老服务的购买力。2013年安徽省原卫生厅公布了老年人健康状况的相关数据，安徽省老年人的平均年收入为18126.7元，其中枞阳调查点的调查对象收入最低。城镇老年人的收入来源主要为离退休金，占全部调查对象的68.4%，其次收入来源为从子女亲属处获得，占全部调查对象的12.6%。农村老年人的收入来源比较单一，主要来自子女亲属，并且数额较少。这在一定程度上说明安徽省老年人养老服务购买力的不足。

（二）安徽养老供需错位，传统敬老院转型升级的需求迫切

近年来，我国养老服务机构数量及养老床位数量都在快速增长，

养老服务供给和实际需求却不相匹配。北京、上海等一些大城市的优质养老机构“一床难求”，而在河北、广西、安徽等地的农村，养老机构床位空置的现象却非常严重。安徽省民政厅原副厅长孙邦平提出，目前农村养老情况发生了很大变化，原有的供养对象即“五保”老人越来越少，而空巢的留守老人越来越多。原有敬老院承担的是保底功能，而未来要往普惠化方向转型。安徽省淮南市八公山区山王镇敬老院面对农村“五保”老人越来越少、敬老院出现床位闲置等问题，果断改革，以公建民营的方式，推动传统敬老院转型升级，不仅接纳“五保”老人，也吸收失能、半失能老人及留守老人，向社会其他普通老人开放。

（三）安徽养老服务业养老需求呈现出较大的城乡差异

1. 城乡老人在养老地点选择上的需求差异

2014 年老年社会追踪调查（CLASS）的数据显示，94.1%的老年人选择在自己家和子女家中养老，仅有 4.2%的老年人选择在养老院和日托站或托老所养老，其中城市户口的比重（7.9%）远高于农村（1.1%）。城市老年人有较高的机构养老和社区居家养老的服务需求，而农村老人由于受到崇尚节俭和为子女着想的传统文化因素的影响，更倾向于家庭养老。以皖南的铜陵普济圩老年公寓为例，该公寓定位为一家集养生、休闲、康复、居家为一体的高端养老服务机构，入住公寓的老人大部分来自市区，少数来自农村。

2. 城乡老人养老服务内容的需求差异

对城乡居民而言，在服务内容上，基本生活、医疗服务以及心理慰藉、文化娱乐等精神生活需求是我国老年人养老服务的主要需求。其中卫生保健、日常照料的需求尤为迫切，第四次中国城乡老年人生活状况抽样调查显示：42.5%的老年人需要照料和帮助，其中农村所占比例高于城市，女性所占比例高于男性，并且需要日常照料和帮助的老年人所占比例与年龄呈正相关关系，女性所占比例高于男性，农村老人所占比例高于城市。另外，城市居民除了卫生保健、日常照料的需求之外，对于精神生活的需求与日俱增；农村老年人由于其长期生活的环境和支付能力等原因，更多的还停留在卫生保健和日常照料的需求层次。

二、安徽养老服务业需求的新形势

（一）安徽养老服务需求呈现出多层次和多样化的趋势

1. 安徽养老服务需求呈现出多层次的趋势

不同社会阶层的老人有着不同层次的需求，将各个社会层次老人基本的、迫切需要的而又未满足的需求分为 5 个层次：一是医护服务和医疗服务，包括老人生病期间的全面照料、上门送医送药、方便实惠的医疗服务等；二是经济保障，包括老人基本生活费、医药费、房费等；三是日常生活服务，包括开设老年人用品专卖店、家政账务、再就业服务、婚介服务等；四是娱乐服务，包括各种娱乐场所和设施；五是改善生活环境的服务，包括交通环境的改善，方便老人的菜市场、垃圾回收点等。按照老年群体养老需求属性的不同，可以将养老服务产业分为医疗保健业、日常生活用品业、家政服务业、房地产业、保险业、金融业、娱乐文化产业、旅游业、咨询服务业、其他特殊产业等十个细分产业。

2. 安徽养老服务需求呈现出多样化的趋势

城市老年群体对社区福利服务设施和活动场所的需求强烈，城市老年群体的支付能力较高，且有一定的文化素养，其社会参与心理强烈，对社区内完善的服务设施有强烈需求。农村老年群体对敬老院等福利服务设施的网络需求较为强烈，农村老年群体的支付能力较低，且受文化、教育水平的限制，其养老服务需求较低，对敬老院等福利性养老机构的需求较为强烈。

（二）养老需求总量大，增速快

2014 年全省 65 岁及以上人口为 692.8 万人，占总人口的 11.39%，至 2018 年安徽 65 岁以上的老年人口达 820.2 万人，占总人口的 12.97%，同 2014 年相比，上升了 1.08 个百分点。预测到 2020 年将达到 1160 万人，2030 年将达到 1870 万人，并呈现老龄化、高龄化、空巢化、失能化加速的新特征。这说明安徽省老龄化程度进一步加深，养老服务需求不断提高。安徽省人口老龄化水平较高，且呈现南高北低的态势。庞大的老年群体催生了日益增长的养老需求，随着老龄化趋势愈发明显，安徽省常住人口的老龄化水平和社会抚养负担高于全国平均水平，可以预期的是这种状态还将持续较长时间，其形势比人口老龄化要更为严峻。

（三）产业发展需求大，有广阔的市场空间

1. 养老产业市场趋于细分化，产业发展空缺多

因供需的不匹配，未来人才、服务、床位等产业需求将愈加旺盛，因此安徽省养老服务业未来的市场空间大、产业发展空缺多，并且将带动医疗行业、康复行业和护理行业的规范和发展。目前养老产业市场趋于细分化，出现了老年用品、老年公寓、老年护理、老年疗养、老年文化、老年娱乐、老年家政护理等多种养老服务及配套服务业。

从安徽实际情况来看，需要发展九大养老行业：（1）老年食品、药品种植和加工业，针对老年人的膳食要求和保健需要，利用中医保健知识，开发老年生态农业，种植粮食、蔬菜、水果、药物等，建设生态庄园，开展营养膳食、老年药膳服务；（2）老年服务业，如居家养老、社区养老、机构养老等各类养老服务组织，尤其是医养融合的养护组织和机构；（3）老年日常生活用品业，如针对老年人特殊需求的服装、生活用品、电子产品、交通用具等；（4）老年康复保健业，如老年人药品、保健品、老年人辅助器具用具、老年康复器具等；（5）老年金融保险业，如专为老年人设计的健康储蓄计划、证券投资规划，与老年人相关的人寿、健康和养老保险、长期照护保险等；（6）养老地产业，如老年人住宅、老年社区、养老院等；（7）老年文化娱乐业，如老年大学、老年培训班，老年旅游业，老年文化、体育和娱乐业等；（8）老年咨询服务业，如对老年人进行法律维权、心理、职业、婚姻方面的咨询服务等；（9）依托“智慧城市”，打造养老服务信息平台产业，建设老年人口信息库、老年健康档案。

2. 医、康、养、护等行业的深度融合需求

依据老年人的实际需求，医、康、养、护等行业的综合服务贯穿了老人整个生命周期。首先，老年人对医疗产业的需求非常大，不同年龄阶段的老人对于基础医疗、预防医疗、紧急救助、辅助性医疗、

专业性医疗、精神医疗和临床医疗有不同程度的需求。其次，医、康、养、护等行业的深度融合需求对于康复领域的行业具有较大的带动性，包括健康辅助、运动抗毒、养生调养、康复训练等，是养老的重要补充。再次，带动护理行业的发展，包括事后护理、重度护理、专业护理等提高护理人员的服务能力和专业素质，从而进一步规范护理行业。

以护理行业为例，安徽省护工的缺口很大，合肥市人力资源与社会保障局就业技能培训中心的一名工作人员告诉笔者，近几年来，家政市场上男护工的缺口挺大，但这一岗位很少有人前来应聘培训。随着老龄化程度的加剧，目前合肥市男护工的缺口达到两万人左右，其中，养老院中的男护工和家政男护工的缺口最大。

第四章　安徽养老服务业供给分析

第一节　安徽城乡养老服务供给主体

随着我国经济社会的发展，人们的生活水平日益提高，老年人的养老需求日渐增多，对社会养老服务提出了更高的要求。安徽省作为人口众多和老龄化程度严重的省份，对养老服务提出了愈益紧迫的要求，需要更加科学的养老服务供给模式。市场、家庭和社会组织是养老服务的三大供给主体，三者共同在养老服务业中发挥作用，以满足老年人不同层次的养老需求。根据国家养老方面的有关政策，安徽省积极部署，促进省内养老服务业的发展，实现了多元供给主体的养老服务模式，养老制度实施顺利，养老服务取得了一定的进展。

一、市场：养老服务供给的重要支撑

市场化是养老服务发展的大势所趋，要从根本上解决养老服务供给的不足、提升养老服务产业的水平，需要依靠市场的力量。安徽省一直积极探索市场在养老服务供给方面发挥的重要作用。2014 年，商务部、财政部决定在全国部分省（区）开展以设立基金的方式发展市场化养老服务产业的试点工作，并将安徽列为八个试点省（区）之一，以增加养老服务有效供给、扩大养老服务消费规模、增进老年人福祉、应对老龄化挑战。对此，安徽省专门搭建养老服务产业基金平台，引导基金投向居家养老、社区综合服务、大众化集中养老等养老服务产业，推进养老服务业便利化、特色化、智能化以及融合创新发展。其中，基金运作主体为安徽省投资集团。目前出台的《市场化养老服务

产业试点实施意见》提出：到 2020 年，力争以财政资金放大倍数不低于 30 倍带动社会投资进入养老服务产业，在全省建成 50 个左右的养老服务示范项目、培育 10 家左右的养老服务品牌企业，打造若干国内领先、国际知名的有较强竞争力的养老服务产业集群和智能养老示范点，养老服务产品更加丰富，市场机制不断完善。

2018 年，为贯彻落实《国务院办公厅关于全面放开养老服务市场提升养老服务质量的若干意见》，推动我省养老服务业持续健康发展，安徽省政府办公厅印发了《关于全面放开养老服务市场提升养老服务质量的实施意见》，明确了 2020 年的发展目标，养老服务市场全面放开，养老服务和产品有效供给能力大幅提升，供给结构更加合理，养老服务政策法规体系、行业质量标准体系进一步完善，信用体系基本建立，市场监管机制有效运行，服务质量明显改善等。

通过对养老机构进行市场化的运作模式，推进养老服务业的快速发展，为老年人提供专业化、个性化和高质量的养老服务。目前，在安徽省现有的 2585 家养老机构中，获得设立许可的仅有 1082 家，占比不到 42%；服务质量基础指标达标的 1094 家，占比也不到 50%。从有效供给上看，目前全省养老机构入住率不到 40%，服务质量低的养老机构“床位空置”与服务质量高的养老机构“一床难求”现象并存，安徽省养老服务供给存在结构性问题需求庞大，盈利和入住率却不高，原因就在于有效供给的缺乏。因而，在养老机构采用市场化的运作模式，是解决养老服务有效供给不足的现实需求。

养老机构运行机制市场化是指在社会主义市场经济条件下、在国家宏观经济政策调控下、在社会福利社会化制度规范下，遵循市场运行规则，让不同社会主体参与养老机构的市场竞争，按照市场运行的特点和规律运作，实质就是实现养老服务市场化。无论是国家办还是社会办养老机构都应该面向市场，遵守市场经济法规，按市场化的办法来运作，以市场为导向，以质量、信誉赢得自下而上的发展。对于那些有经济实力，期望通过市场运作实现盈利，并且愿意注册为营利性养老机构的，在加强市场管理的基础上放手发展。对注册为非营利性的机构，应制定严格的监督和管理制度，政府优惠政策支持的重点也应放在这类养老机构的发展方面。改革资金投入方式，争取使老人成为政府福利投入的直接受益者。应综合考虑老人收入和养老机构收费水平等多种因素，发展养老事业的资金应大部分用于为老人入住养老机构提供补助，确定入住养老机构老人的范围和补贴标准，并监督各业务部门将相关方面，如水电气收费、税收等的优惠政策落实好。

与养老刚性需求的快速增长相比，目前我们所能提供的养老服务还远远不足。如何以问题为导向，发挥市场配置资源的作用、提高养老供给能力和水平，是摆在我们面前的重要课题。建议科学界定政府和市场在养老服务体系中的职能边界，使政府由养老服务的直接提供者转化为推动者、监管者，提高公共资源的利用效率。加大引进民资力度，解决养老服务供给不足，同时要大力发展养老产业，全面提升养老服务品质。以市场化思维推进居家养老、医养融合的全覆盖，将生活服务业供应商接入养老服务平台，实行有效需求对接，提供老年人最常见的助餐、助洁、助行、助浴、助医等上门服务，提升居家养老服务的覆盖率和服务水平。

二、家庭：养老服务供给的基本载体

居家养老虽然无法适应日益扩大的养老需求，但是家庭仍然是当前养老服务供给的基本载体，在养老服务业中发挥着基础性的作用。我省发布的《安徽省构建多层次养老服务体系（2018—2020 年）行动计划》（以下简称《行动计划》），提出建设以居家为基础、社区为依托、机构为补充、医养相结合的养老服务供给体系。在居家养老建设中，如果家中有失能失智的老年人，相关部门将对照顾老人的家庭成员提供每年不少于 1 次的养老护理技能培训，并列入当地基本养老公共服务清单。同时，鼓励养老机构和社区养老服务站为失能失智老年人家庭提供暂托服务。我省还鼓励有条件的县级人民政府对经济困难的高龄、失能失智、重度残疾人等特殊困难老年人家庭进行适老化改造，配备基本生活辅助器具或给予一定的改造补贴。从 2019 年起，全省每年选择不少于 1000 户特殊困难家庭进行适老化改造示范。其中，合肥、马鞍山、芜湖、铜陵、安庆市每年各不少于 100 户。《行动计划》还提出发展居家养老自助互助服务，鼓励各地因地制宜，发展子女众筹资金，开展互助养老、老年人集中居住互助养老等农村居家养老互助模式。《关于全面放开养老服务市场提升养老服务质量的实施意见》着眼于我省老龄化进程加快的严峻形势，提出了针对性的要求，首次提出加快推进养老服务业供给侧结构性改革，繁荣养老市场，提升服务质量，到 2020 年，把养老服务业培育成为促进经济社会发展的新动能。突出亮点之一是进一步细化了推进居家社区养老服务全覆盖的具体措施，明确要求“研究出台家庭养老支持政策。加快构建社区居家养老服务网络，大力发展县级居家养老指导中心、街道养老服务指导中心、社区养老服务站‘三级中心’，打造 20 分钟居家养老服务圈。在农村，全面搭建农村留守、高龄、空巢老年人联系走访网络、老年人居家养老自助互助服务网络、不能自理老年人集中照护网络‘三个网络’”。完善全省居家养老服务体系，需要做到以下几点。

推进居家社区养老服务全覆盖。研究出台家庭养老支持政策，重点关注失能、伤残等能力缺失老年人的特殊需求。加快构建社区居家养老服务网络，以老年人养老服务需求评估体系建设为核心，均衡配置城市养老服务设施资源，大力发展县级居家养老指导中心、街道养老服务指导中心、社区养老服务站“三级中心”，打造 20 分钟居家养老服务圈。鼓励以县（市、区）为单位对社区养老服务统一打包，交由社会力量投资、建设或运营，实现区域内的社区养老服务统一标准、统一运营。优先支持发展社区嵌入式中小型养老机构，2018 年全省重点支持建设 50 所社区嵌入式的“示范性长者照护之家”。

要充分发挥财政资金杠杆作用，撬动社会资本投资居家养老服务行业，建议设立居家养老服务专项资金，通过政府购买服务的方式，吸引社会资本和社会专业力量加盟居家养老服务行业。培育和支持一批具有较强实力和较大潜力的能够开展跨城区、大范围连锁服务的养老服务企业，开发适销对路养老服务产品，不断满足日益增长的多样化服务需求。

发展居家养老服务是破解我省养老服务难题、推进养老供给侧结构性改革的关键举措。要坚持以人为本，依托社区，因地制宜，充分调动社会各方面的力量参与和支持居家养老服务。针对我省较早进入老龄化社会的实际，主动作为，超前谋划，加快顶层设计。建议我省在全国率先出台一部具有普遍指导意义的居家养老地方性法规，对居家养老服务的职责划分与统筹协调、设施建设、服务提供、市场准入、资金渠道、监督管理等内容进行明确，并整合管理职能，通过规范分工协作来形成工作合力，把居家养老服务纳入规范管理、有序发展的轨道。

加快居家养老服务体系建设，必须要鼓励和支持更多的人投身养老服务行业，不断扩大从业人员队伍，不断提高专业化水平。同时，推进社区居家养老服务设施建设，支持城区开展居家养老服务示范区创建，扶持建设一批居家养老服务示范街区。

三、社会组织：养老服务供给的主体力量

养老是一个全社会需要共同面对的重大问题，引入社会力量参与养老服务，可以有效弥补国家、市场和家庭在养老服务供给方面的不足，对于满足养老服务发展需求、推动中国养老服务业的健康发展具有重要意义。养老服务以提供各种老年人需要的社会公共服务为主，既是老有所养制度体系中与养老保险并重的支柱性项目，又是整个社会福利事业的重要组成部分，政府无疑应在其中承担主要责任。然而，大力发展养老服务业，既不能再走政府包办的老路，又不能将其全部推向市场，而应在转变政府职能的同时让社会组织充当生力军。

社会组织作为社会化养老服务的有效载体，既可以吸收政府公共资源，又可以利用市场资源，还可以最大限度地调动社会各方力量，有效汇集志愿者，在社会福利事业中起着无可替代的作用。国务院日前发布的《关于加快发展养老服务业的若干意见》，明确要求引导公益慈善组织重点参与养老机构建设、养老产品开发、养老服务提供，使之成为发展养老服务业的重要力量。因此可以说，我国养老服务业发展面临良好的机遇，社会组织发展也面临良好的机遇。

全面深化公办养老机构改革。加快推进具备向社会提供养老服务条件的公办养老机构转制成为企业，或开展公建民营。鼓励社会力量

通过独资、合资、合作、联营、参股、租赁等方式，参与公办养老机构改革。盘活公办养老机构、医疗机构闲置床位，扩大社会养老服务资源。到2020年，政府运营的养老床位数占当地养老床位总数的比例不超过30%。安徽省目前致力于建立养老社会组织体系。建立老年大学、老年旅游、老年书画和棋牌协会等组织，定期开展活动，为老人提供学习、交流、竞赛的平台，使老年人老有所学、老有所乐，促进构建和谐社会。

目前，社会组织参与养老服务的成本核算依据、补偿标准、补贴范围还不够明确，相应的投资回报与经营风险补偿机制还没有建立起来，导致社会组织参与养老服务的积极性不高。针对这些问题，应从以下几个方面破除政策、体制障碍，积极鼓励社会组织参与养老服务。广泛动员社会力量开展针对低收入、高龄、失独、失能、失智老年人的社会救济和社会互助、志愿服务活动。鼓励慈善组织和爱心人士参与养老机构建设、养老产品开发、养老服务供给、慈善捐助点和慈善超市建设。健全养老服务志愿者登记制度，加快推进养老慈善事业与社会救助、社会福利政策的衔接。

我省社会组织不但规模小，而且专业化水平不高，要真正担当起养老服务业生力军的角色，还需要不断提升自身能力。一方面，应努力提升硬实力，包括资金筹集能力、基础设施建设能力等。除了推动政府落实相应的财政税收扶持政策，还要通过适当的筹资公关方式、完善的信息披露机制等调动市场资源和民间资源。同时，立足小区，建设中小型托老机构，并力争实现连锁化、品牌化，避免有违老年人养老意愿的大规模“隔离式”“集中式”养老院建设。另一方面，应努力提升软实力，包括完善内部治理机制、建设专业化队伍、营造良好社会氛围等。目前，社会组织大多采取粗放的项目制管理，这种方式往往容易管理失范，也不利于组织的持续健康发展。为此，有必要强化组织的内部治理，建立理事会制度并与项目管理制度相结合。最后，社会组织特别是公益性社会组织应该当好政府的助手，在政府政策扶持、购买服务等支持下积极为老年人提供养老服务，提高养老服务的质量和水平，为老年人提供高质量的养老服务。

第二节　安徽养老服务供给体系

安徽省人民政府办公厅印发《安徽省构建多层次养老服务体系（2018—2020年）行动计划》，要求以习近平新时代中国特色社会主义思想为指导，深入贯彻党的十九大精神，践行以人民为中心的发展思想，积极应对人口老龄化，加快老龄事业和产业发展，聚焦养老服务发展不平衡不充分的问题，构建养老、孝老、敬老政策体系和社会环境，不断优化以居家为基础、社区为依托、机构为补充、医养相结合的养老服务供给体系，着力补齐城市居家养老和农村养老服务短板，大力推动养老机构提质增效和医养结合深入发展，积极发展智慧养老和养老产业，加快完善多层次养老服务体系。力争到2020年，全省多层次养老服务体系进一步完善，基本养老公共服务能力大幅提升，养老产业加快发展的格局基本形成，全省老年人的养老服务获得感明显增强。本报告着重分析安徽省机构养老和社区养老服务供给状况。

一、机构养老供给状况

机构养老是指老年人在专业机构中获得养老服务。这些机构包括养老院、老年公寓（托老所）、敬老院、福利院等，依靠国家资助、亲人资助或老年人自负经费。此外，服务老年人的机构还包括康复医院、老年病医院等。

（一）政府供给机构与市场供给机构基本情况

安徽省养老机构供给主体主要分为政府与市场，即采用公办、民办非营利以及商业等多种形式，服务对象包括能自理、半自理、不能自理的不同类型的老年人，服务内容包括生活照料、介助（半自理）、介护（不能自理）、康复、临终关怀等。

2018年安徽省公办养老机构与民营养老机构的基本情况见表4-1所列。

表 4-1 2018 年安徽省公办养老机构与民营养老机构的基本情况

城市	公办养老机构数量（个）	民营养老机构数量（个）	总数（个）
合肥市	190	32	222
淮北市	22	9	31
亳州市	62	3	65
宿州市	106	22	128
蚌埠市	99	11	110
阜阳市	136	11	147
淮南市	48	17	65
滁州市	122	8	130
六安市	166	6	172
马鞍山市	91	13	104
芜湖市	132	20	152
宣城市	131	8	139
铜陵市	27	3	30
池州市	70	2	72
安庆市	106	9	115
黄山市	82	13	95
合计	1590	187	1777

由表 4-1 可知，安徽省养老机构共有 1777 个，其中公办养老机构数量为 1590 个，民营养老机构数量为 187 个。公办养老机构为主体，占机构总数的绝大部分。其中，合肥市的养老机构数量最多，公办养老机构数量占总体的 85.6%。其次是六安市，但六安市的民营养老机构数量相比于合肥市较少。淮北市、淮南市、铜陵市的总体养老机构数量偏少。

（二）养老机构床位数及入住率情况

2018 年安徽省养老机构总床位有 297113 张，入住人数为 125678 人，床位利用率为 42%，总体利用率不高。其中池州市占比最高，为 68%；其次是宣城市与铜陵市，均为 53%。有 5 个城市的养老机构入住率在30%左右，分别是蚌埠市（30%）、阜阳市（32%）、淮北市（32%）、安庆市（30%）、黄山市（32%）。入住人数最高的是合肥市15063人，其次是六安市和宿州市，分别为12949人和10984人。合肥市的老年人床位数30346张，占总服务床位数100%，见表4-2所列。

表4-2　2018年安徽省养老机构的床位数及入住率情况

城市	个数（个）	入住人数（人）	服务总床位数（张）	入住比例（%）	老年人床位数（张）	老年人床位数占总床位数比例（%）
合肥市	222	15063	30346	50	30346	100
淮北市	31	2472	7657	32	7657	100
亳州市	65	10331	20239	51	20239	100
宿州市	128	10984	24636	45	24636	100
蚌埠市	110	5468	18435	30	18435	100
阜阳市	147	10732	33445	32	33445	100
淮南市	65	7922	19922	40	19922	100
滁州市	130	10479	21333	49	21333	100
六安市	172	12949	31208	41	31208	100
马鞍山市	104	6225	12303	51	12303	100
芜湖市	152	6193	13581	46	13581	100
宣城市	139	8694	16275	53	16275	100
铜陵市	30	2139	4061	53	4061	100
池州市	72	4850	7119	68	7119	100
安庆市	115	8720	28846	30	28846	100
黄山市	95	2457	7707	32	7707	100
合计	1777	125678	297113	42	297113	100

（三）社会办养老机构建设

安徽省坚持以人为本的方针，以推动公办养老机构和社区养老服务设施发展为重点，积极支持和引导社会力量参与养老服务，进一步改善我省养老服务设施条件，对符合《安徽省社会办养老机构建设指导意见（试行）》所列各项要求，由企事业单位、集体组织、社会组织、慈善机构及个人等社会力量，以独资、合资、合作等形式兴办，具备独立法人资格，并依法取得安徽省养老机构设立许可证的各类养老机构进行补助。补助类型及补助标准如下：

（1）一次性建设补贴。对符合条件的社会办养老机构给予一次性床位建设补助（一次性床位建设补助不包括公办养老机构、公建民营养老机构、老年医疗机构、老年住宅、老年社区等）。省级按照不低于每张床位 1000 元的标准给予补助，市、县民政部门会同财政部门确定当地的一次性建设补贴标准。

（2）日常运营补贴。已建成并投入运营的社会办养老机构，由当地按照实际的入住人数和服务人数给予运营补贴。运营补贴的标准由市、县民政部门会同财政部门按照不低于每人每月 200 元的标准确定，为失能失智老年人服务的，按照服务对象轻、中、重度失能失智程度，运营补贴分别上浮 50%、100%和 200%以上。

（3）贷款贴息补助。社会力量兴办的养老机构，从银行等金融机构贷款用于养老机构建设的，给予贷款贴息补助。省级按照三年期贷款基准利率的 30%给予补助，市、县民政部门会同财政部门确定当地的贷款贴息标准。

（4）政府购买服务补助。各级政府依托社会办养老机构向农村“五保”对象、城市“三无”对象、城乡低收入老人购买养老服务的，给予购买服务补助。补助标准由市、县民政部门会同财政部门确定，为失能失智老年人服务的，按照服务对象轻、中、重度失能失智程度，购买服务补贴标准分别上浮 50%、100%和 200%以上。

二、社区养老供给状况

社区养老是指以家庭为核心，以社区为依托，以老年人日间照料、生活护理、家政服务和精神慰藉为主要内容，以上门服务和社区日托为主要形式，并引入养老机构专业化服务方式的居家养老服务体系。它吸收了家庭养老和社会养老方式的优点和可操作性，把家庭养老和机构养老的最佳结合点集中在社区，是针对中国社会转型期面临的老龄化问题所提出的一种新型养老方式。

安徽省预计到2020年，全面建成以居家养老为基础、社区养老为依托、机构养老为补充，功能完善、规模适度、覆盖城乡且具有安徽特色的养老服务体系。

全省养老机构床位数达到每千名老年人45张以上；城市社区养老服务设施的覆盖率达到100%，农村社区养老服务设施的覆盖率达到80%以上；低收入老年人居家养老服务补贴制度和80周岁以上老年人高龄津贴制度健全完善。

（一）皖北代表性城市——阜阳市社区养老服务供给

2018年5月，阜阳市入选国家民政部、财政部确定的第三批中央财政支持开展居家和社区养老服务改革试点地区，成为安徽省获批城市。阜阳市人民政府办公室印发《阜阳市居家和社区养老服务改革试点实施方案（2018—2020年）》，提出通过开展居家和社区养老服务改革试点，到2020年，基本建成功能完善、规模适度、布局合理、覆盖城乡的居家养老和社区养老服务体系，把阜阳市打造成在全国有一定影响力的养老示范基地和养老服务人才培养培训基地，为全国居家和社区养老探索可复制、可推广的"阜阳模式"。

1. 阜阳市社区养老供给主体

阜城三区社区日间照料中心的80%由社会力量运营。政府鼓励社会力量建设和运营社区养老服务机构，并无偿提供场地。目前，每个区正在制定社区养老服务设施社会化运营实施方案，积极引进或培育省内领先、在全国具有一定影响力的知名养老服务企业。

2. 阜阳市社区养老服务内容

按照省三级中心建设指导规范标准，在城市建立县级居家养老服务指导中心、街道养老服务指导中心、社区养老服务站（简称"三级中心"），完善居家社区养老服务网络。在乡镇设置养老服务中心，行政村设置养老服务站，为农村老年人提供助餐、日托、文化娱乐等服务。2019年和2020年，乡镇养老服务中心覆盖率将分别达到60%和100%。

阜阳市三区各个社区开展居家养老"物联网应用"试点，重点解决空巢、独居、高龄老年人的家庭安防问题，试点为空巢、独居、高龄老年人家庭安装智能安防设备。在推动居家养老和社区医养融合发展方面，推进150张以上床位的养老机构、入住50人以上的特困人员供养服务机构全部设置医务室或护理站。全面开展基层医疗卫生机构与老年人家庭医养签约服务，到2020年力争老年家庭签约率达100%。

农村老年人在社区照料中心享受助餐、日托、文化娱乐等服务。社区照料中心开展为农村高龄、空巢、留守老年人购买探视走访服务。在村部、村卫生室、农村敬老院分别设立居家养老服务站点。同时，依托养老机构和其他养老专业服务人员开展自助、互助式养老试点。

3. 阜阳市社区养老发展趋势

实现服务供给与需求“零距离”。在推动居家和社区养老服务智能发展方面，建设运营市、县两级智慧养老和医疗信息管理服务平台，开发官方涉老服务APP，连接各类为老服务资源。开通12349养老公益服务热线并宣传推广。打造没有围墙的“虚拟养老院”，通过整合通信网络、智能呼叫、互联网等手段，为居家老人提供日间照料、家政服务、康复护理、精神慰藉、物流配送和紧急救助等居家养老服务，实现服务供给与需求的“零距离”。

（二）皖中代表性城市——合肥市社区养老服务供给

合肥市通过政府扶持、社会力量运营、市场化运作，建立试点工作机制和服务体系，全面提升居家和社区养老综合服务能力，巩固居家和社区养老服务在养老服务体系中的基础地位，满足绝大多数有需求的老年人在家或社区享受养老服务的愿望，预计到2020年初步建成多层次居家和社区养老服务体系，形成可推广、可复制、可持续的合肥模式。

1. 合肥市社区养老供给主体

合肥市社区养老供给主体采取以社区为主导，以社会力量为主体，各类服务资源整合参与的形式，依据《合肥市培养新动能促进产业转型升级推动经济高质量发展若干政策》（合办〔2018〕19号）和发展“互联网+家政服务业”政策给予的资金支持，扶持社会力量参与居家和社区养老服务，培育品牌化、连锁化、规模化的养老服务龙头企业10家、社会组织10家，打造含智慧养老在内的专业化服务品牌10个。

2. 合肥市社区养老服务内容

第一，农村留守老人关爱服务。合肥市各社区采取电话、走访、探视和邻里守望等形式，定期走访探视空巢、孤寡老年人，2018年实现区、开发区全覆盖；推进社区老年人助餐服务全覆盖。采取“中央厨房＋社区食堂＋小区助餐点＋送餐入户”或集中送餐的模式，推进区、开发区的城市社区老年人助餐服务建设，为辖区内有需求的老年人提供自助用餐和上门送餐等服务，2018年覆盖率达到50％，预计在2019年达到80％，2020年达到100％。对符合政策规定条件的中央厨房、社区食堂、小区助餐点给予开办补贴。第二，鼓励县（市）城关镇开展老年人助餐服务。第三，推进老年人健康管理服务。对65周岁以上的老年人和60周岁以上的计生特困家庭老年人，每年免费提供1次健康管理服务。2020年底前，全市65周岁以上老年人健康管理率将达到70％以上。第四，推行家庭医生签约服务。为自愿签约的高龄、重病、失能失智居家老年人提供家庭出诊、家庭护理等上门服务。第五，推进中医服务进社区、进家庭。为老年人提供中医康复保健服务，到2020年，实现对社区和家庭的全覆盖。第六，居家老年人助浴服务。给予开办补贴，至少建设20个老年人助浴专业服务机构，采取政府购买服务的方式，为高龄、失能等特殊困难老年人提供助浴服务。

3. 合肥市社区养老发展趋势

未来合肥市将探索“互联网＋”在居家和社区养老服务中的多种有效应用模式。运用互联网、物联网、大数据、云计算等现代信息技术，广泛应用人工智能产品，促进智慧养老服务体系建设，力争到2020年，实现居家和社区智慧养老服务全覆盖。创建1个智慧养老示范县（市）区、20个智慧养老示范街道、50个智慧养老示范社区。搭建以居家和社区养老服务为主的信息平台并推动居家和社区医养结合服务发展。加强基层医疗卫生机构的医疗康复功能建设，推动基层医疗卫生机构与社区养老服务中心（站）紧密合作，为居家和社区老年人提供多种形式的医疗保健服务。

（三）皖南代表性城市——芜湖市社区养老服务供给

随着人口老龄化程度的不断加深和人民生活水平逐步提高，老年群体多层次、多样化的服务需求持续增长，对扩大养老服务有效供给提出了更高要求。芜湖市根据老人实际需求设定服务项目，逐步建立既扎根邻里之间、崇尚孝道善举，又突出医养结合，有着温暖的人情关怀的新型社区养老新途径，这是基层养老服务模式的创新探索，是建设和谐社区的有力之举，更是贯彻落实十九大精神的有效举措。

1. 芜湖市社区养老供给主体

芜湖市社区如万春社区采取医养结合的形式让社区养老供给主体多元化，社会力量占 70%，实现智能化养老、日间照料、医养结合、便民服务等功能无缝对接，打造“五位一体”社区养老新模式，引领社区养老创新服务。

2. 芜湖市社区养老服务内容

芜湖市采取“医养一体化”为特色发展模式，集医疗、康复、养生、养老等为一体，把老年人健康医疗服务放在首要位置，形成养老机构和医院的功能相结合，把生活照料和康复关怀融为一体的新型养老服务模式。其中，“医”包括医疗康复保健服务、医疗服务、健康咨询服务、健康检查服务、疾病诊治和护理服务、大病康复服务以及临终关怀服务等；而“养”包括生活照护服务、精神心理服务、文化活动服务等。

3. 芜湖市社区养老发展趋势

进一步推进智能化养老。指的是依托现代通信、智能呼叫、物联网等技术手段，搭建“智能养老”平台，提供养老服务。目前，芜湖市万春社区家照护养老中心已搭建起覆盖全市的智能呼叫服务指挥部，开通了 96365 生活服务平台，所有安装智能呼叫转移服务器的老人，享受求助（日常生活服务）、求救（意外）两类服务。在智能呼叫服务终端显示区域，辖区的老人发起任何一种服务需求，在中心终端大屏会显示出具体的位置、人员等信息，养老服务更加突出信息化和智能化。

第三节 安徽养老服务业供给机制

目前，安徽省的养老服务业供给机制主要分为市场供给机制与政府供给机制。

一、养老服务的市场供给机制

以市场供给为主的养老服务主要表现为市场上的各种养老机构，主要包括养老院、养老公寓。养老院与养老公寓是专供老年人集中居住，符合老年体能心态特征的老年住宅，具备餐饮、清洁卫生、文化娱乐、医疗保健服务体系，是综合管理的住宅类型。其中老年公寓偏西方化，它是既能体现老年人居家养老，又能享受到社会提供的各种服务的老年住宅。各个养老机构按照服务对象的自理、失能、半失能为标准以及自身的硬件设施、居住条件、饮食供养、护理质量居住面积等方面的差别，制订不同的价格，划分出高、中、低三个档次。低端主要针对五保户、无固定收入的农村老人，多为失能或半失能老人；中、高端主要针对城镇有固定收入来源的退休老人。以下将从合肥市高档养老院、宿州市中档养老院以及芜湖市低档养老院的收费标准、市场规模、老人入住数、环境设施来分析安徽省各地的养老机构差异。

（一）合肥市高档养老机构——九久夕阳红养老集团

九久夕阳红养老集团是安徽省合肥市第一家民办老年福利服务机构，是一家 CCRC（Continuing Care Retirement Community）综合养老社区，总建筑面积 57800 平方米。旗下老年公寓分别为：九久夕阳红护理院（三里街）、九久夕阳红老年城、新站瑶东老年公寓、磨店老年公寓（合肥市残疾人托养中心）、巢湖光明老年公寓、宿州市社会福利中心老年公寓、九久夕阳红铜陵市老年公寓、九久夕阳红庐阳苑、舒城九久夕阳红老年公寓，总建筑面积超过 120000 平方米，设床位 5000 余张。截至目前，已照护老人超过 20000 人。合肥市九久夕阳红养老集团的收费标准见表4-3所列。

表4-3 合肥市九久夕阳红养老集团的收费标准 （元）

级别	巢湖收费（包含食宿）	淮南收费（包含食宿）	合肥老年城收费（包含食宿）
自理老人	980	680～780	2080～2780
特护老人	1380～1580	1080～1800	2880～4280

九久夕阳红所有院所设施经过适老化设计，配备适老化设施设备。每套房间配备空调、暖气、电视、24小时热水、呼叫器、独立卫生间。同时设立多功能娱乐活动场所、健身场所、楼层餐厅等。还配套建设康复中心、文化娱乐中心、便捷超市等服务设施。各公寓的绿化由专业的园林公司设计规划，栽种花木，建设凉亭、回廊、花坛，美化环境。在丰富老人的精神生活方面，各公寓有专门的文艺人员每天组织老人进行康乐操、养生保健操、唱歌跳舞、书法绘画、阅读朗诵、戏曲影音、麻将棋牌等多种形式的文娱活动。

（二）宿州市中档养老院——健康老年公寓

宿州市健康老年公寓是宿州市埇桥区重点招商引资项目，民政局正式批准成立的养老护理机构。公寓本着“以人为本、孝行天下、服务老人、回报社会”的办院宗旨，以诚信服务、传递爱心的服务理念，立足于老年实际需求，精心打造专业护理团队。公寓总占地面积30余亩，总投资6800万元，注册资金1227万元，一期工程建筑主体六层，绿化面积2000平方，环境优美，设施齐全。床位300余张，入住老人280多名。宿州市健康养老公寓的收费标准见表4-4所列。

表4-4 宿州市健康养老公寓的收费标准

类别\项目	床位费（元）	餐饮费（元）	护理费（元）	合计金额（元）
三人间（每人每月）	1100	600	300	2000
单人间（每人每月）	2000	600	300	2800
夫妻间（每月）	2200	600	300	3000

养老公寓每套房间配有独立的卫生洗浴设施，24 小时供应热水，衣柜、写字台、空调、有线电视、无线网、饮水机、电话等设施一应俱全。每层楼设有 24 小时护士站。院内有花园，后有菜地，环境优美，景色宜人，做到真正的“健康家园，乐享人生”。在养老居住的同时，又针对性地为老人提供了医疗健康、娱乐保健等多项服务，为爱好广泛的老人安排了花草种植、手工制作等体验式活动，实现智能养老。

（三）芜湖市低档养老机构——红梅老年公寓

红梅老年公寓是由芜湖市民政局督办的养老机构，自筹办以来得到民政局及社区领导的支持，属于公办民营的养老公寓。占地面积 400 多平方米，公寓内设有单人间、双人间与多人间，床位 28 张，主要接收自理老人，入住率 100%。收费金额在 1500～2000 元之间。红梅老年公寓的每个房间配备家具、电视、淋浴房，院内有 10 多种健身器材，对所有设施都进行了无障碍设计，方便老人行动。

二、养老服务的政府供给机制

政府是养老服务供给的重要主体，主要采取对养老机构以及社区养老提供补贴，公办敬老院、福利院等形式进行养老服务的供给。下面主要介绍政府的养老服务供给机制。

（一）政府对养老机构的补贴

党的十九大报告明确提出：构建养老、孝老、敬老政策体系和社会环境，推进医养结合，加快老龄事业和产业发展。这为发展具有时代特色、符合我国国情的养老事业指明了重要方向。因此，养老机构的发展与创新是当前社会公共服务所关注的重要内容。安徽省以建立“绿色通道”等形式，对养老机构的发展和创新给予资金及政策方面的帮助，有效提高养老机构的运行保障机制。尤其是对民办养老机构的创办给予重点帮扶，通过低息贷款等形式帮助解决资金缺口问题，在运营过程中给予专业指导和帮扶。依据安徽省《社会养老服务体系建设实施办法》，政府对养老机构的补贴如下：

（1）一次性建设补贴。对符合条件的社会办养老机构给予一次性床位建设补助（一次性床位建设补助不包括公办养老机构、公建民营养老机构、老年医疗机构、老年住宅、老年社区等）。省级按照不低于每张床位1000元的标准给予补助，市、县民政部门会同财政部门确定当地的一次性建设补贴标准。

（2）日常运营补贴。已建成并投入运营的社会办养老机构，由当地按照实际入住人数和服务人数给予运营补贴。运营补贴的标准由市、县民政部门会同财政部门，按照不低于每人每月200元的标准确定，为失能失智老年人服务的，按照服务对象轻、中、重的失能失智程度，运营补贴分别上浮50％、100％和200％以上。

（3）贷款贴息补助。社会力量兴办的养老机构，从银行等金融机构贷款用于养老机构建设的，给予贷款贴息补助。省级按照同期三年期贷款基准利率的30％给予补助，市、县民政部门会同财政部门确定当地的贷款贴息标准。

（4）政府购买服务补助。各级政府依托社会办养老机构向农村“五保”对象、城市“三无”对象、城乡低收入老人购买养老服务的，给予购买服务补助。补助标准由市、县民政部门会同财政部门确定，为失能失智老年人服务的，按照服务对象轻、中、重的失能失智程度，购买服务补贴标准分别上浮50％、100％和200％以上。

政府对符合《安徽省社区养老服务机构建设指导意见》所列各项要求的各类日间照料中心、日托站、托老所、社区养（助）老服务站等社区居家养老服务机构（组织）实行补贴，具体的补助类型和补助标准如下：

（1）一次性建设补助。符合条件的社区养老服务设施，由市、县民政部门会同财政部门按照当地补助标准给予一次性建设补助。

（2）日常运营补贴。符合要求的各类社区养老服务设施，由市、县民政部门会同财政部门按照当地补助标准给予运营补贴。

（3）政府购买服务补助。各级政府依托社区养老服务设施向社会组织、企业购买社区、居家养老服务的，给予政府购买服务补助。补助标准由市、县民政部门会同财政部门确定。省级按照购买服务推进情况、服务质量、服务内容、服务人数等因素给予一定的补助。

（二）公办养老机构

公办养老机构是指各级地方政府和村集体投资建设的，为困难、弱势或其他政府供养的老年人提供集中居住、日常生活照料、基本医疗保健、康复护理、精神心理慰藉、休闲文化娱乐等服务的服务组织，其服务具有明显的公益性、福利性和救济性特点。主要是为老年人提供集体居住，并具有相对完整的配套服务设施，是专为接待自理老人或综合接待自理老人、介助老人、介护老人安度晚年而设置的社会养老服务机构。敬老院是目前安徽省农村最为重要的养老方式之一，以供养农村“五保”户为主，所需经费实行乡镇统筹，依靠集体、群众实行民主管理，属于农村集体福利事业单位。按所在地民政核准的等级，敬老院分收费有偿性、公益补贴性、“五保”和“全免性”四个等级。

（1）收费有偿性。指的是有上级民政部门发证，物价局核准收费标准而收费的。这里包含：住宿费、伙食费、护理费、保健费等合理收费；一般退休老人有子女申请，和敬老院签订供养义务，并按月将各项费用交纳给敬老院财务，才能享受院方的服务；退休工资卡不需要交给院方，但每月需支付各项费用给院方。现在敬老院有单人间、双人间、多人间（6 人），其收费标准为 880～3000 元/人。

（2）半免、全免性。其实就是政府民政建设的“福利院”，是针对低收入群体老人和“五保”户老人而实施的非营利性慈善事业，这里符合条件的老人入住，实行全包、全免费服务；对有退休养老金的老人，要交伙食费；对无收入的、一月拿百十元的“城居养老金”的老人，不需要交费，其“城居养老金”作为平时生活的零用钱。

（3）其他半公益性。安徽省现在有些地区开办的公益性老龄人生活驿站，其娱乐设施免费提供，而需要就餐的每人每次收费 6～20 元，不够的费用由民政部门拨款填补。

三、政府机制与市场机制相结合的供给机制

随着老龄化进程的加速，安徽省提前进入了“未富先老”的社会，市场中的民营养老机构面临法律意识差、管理体制落后、资金紧张等

问题，单纯依靠政府的力量来发展社会养老福利事业愈发不现实。近几年，政府与市场相结合的供给模式逐渐兴起。其主要表现为政府购买服务，即政府利用市场机制，通过一系列程序将原来由政府直接提供的养老服务项目以行政采购、招投标等方式转交给具备了提供相应养老服务能力的第三方养老服务组织。

（一）政府购买养老服务的相关政策

安徽省人民政府购买服务的模式主要体现为民政部门的公办民营的养老机构以及各个县民政局实行的公办民营的敬老院。在省级层面，贯彻落实国务院和财政部、民政部等部门文件要求，安徽省人民政府办公厅出台了《关于政府向社会力量购买服务的指导意见》，在全省范围全面推开政府购买服务工作；安徽省财政厅印发了《安徽省政府向社会力量购买服务流程规范（暂行）》《关于进一步规范省级政府购买服务流程的通知》《关于发挥财政职能支持社会力量参与养老服务事业发展的指导意见》等文件，将基本养老服务等纳入购买范围，并制定了政府购买的规范流程，提出了财税扶持的具体措施；安徽省民政厅、安徽省财政厅下发了《关于开展政府购买养老等服务的通知》，联合制定了《政府购买养老服务实施办法》《政府购买养老评估服务实施办法》，进一步明确具体的操作事项。在市、县层面，各地按照国家和省相关要求，结合自身实际，出台了相应的配套政策，进一步细化举措，增强可操作性。合肥市相继出台《合肥市政府购买居家养老服务实施办法》《合肥市政府购买居家养老服务实施办法》《合肥市政府购买居家养老服务资金结算管理办法》《合肥市居家养老服务规范》《关于进一步做好政府购买居家养老服务工作的指导意见》《合肥市政府向社会力量购买服务审计监督管理办法》《合肥市政府向社会力量购买服务项目监理实施办法》《合肥市政府购买服务项目采购管理暂行办法》等十多份规范性文件，有效推动了政府购买养老服务健康快速发展。

（二）政府购买养老服务的规模

自安徽省人民政府购买服务机制引入以来，全省多地把养老作为重点购买领域之一，开展了不同程度的试点实践，并积极拓展广度和深度。目前，政府购买养老服务在全省范围“多点开花”，并逐步由点及面向县区延伸，购买养老服务的领域范围和享受服务的对象人群日益广泛。如铜陵市自2007年起，在省内率先实施政府为困难老年人购买居家养老服务项目，服务对象的界定由80周岁以上逐步放宽到70周岁以上，并由低保放宽到低收入对象，由残疾放宽到普通老人；支付购买服务费用从16万元逐年增加到400余万元；服务人数由最初的不足100人发展到1000余人。2013年合肥市正式启动政府购买居家养老服务项目，为具有合肥市市区户籍的70周岁以上低保老人、70周岁以上空巢老人（无子女）、90周岁以上的高龄老人近1万多人，购买每月价值600元的居家养老服务，服务内容已涵盖生活照料、医疗保健、家政服务、紧急救助、精神慰藉等方面。截至2015年底，全市累计提供服务599.43万人次，结算资金1.42亿元。

（三）政府购买养老服务的价值效益

自推行安徽省人民政府向社会力量购买养老服务以来，受到了社会各界的广泛关注和欢迎，并取得了显著的社会效益和经济效益。一是满足了公共服务需求。通过政府购买养老服务的形式，积极发挥社会组织便捷性、社会性和专业性的优势，满足了特定老年人群日常的送餐、保洁、护理、精神慰藉等基本的养老服务需求，促进了社会和谐。二是促进了政府职能转变。政府购买养老服务，强化了政府的社会管理和公共服务职能，将很多传统上管不了、管不好和不便管的服务交由社会力量承接提供，推动了从单纯的政府包办向政府生产与政府购买并重的方向转变，为“政府养老”向“社会养老”转型创造了良好的条件。三是提高了财政投入效益。以政府公开采购或定向委托等方式，择优选择专门机构购买养老服务，降低了以往单纯依靠政府直接提供养老服务的行政成本，在一定程度上减轻了财政支出负担，提高了财政资金的使用效益。四是加快了社会组织发展。政府向社会力量购买养老服务以公益的项目方式运作，促进了养老服务类社会组织的发展，提升了社会组织的养老服务能力。如合肥市5家养老服务中心通过承接服务迅速发展壮大，截至2015年底，建有5个信息服务平台和236个街道、社区服务站（点），提供就业岗位2731个。

第四节 安徽养老服务业供给存在的问题

安徽省是中部地区典型的农业、人口和人口流出大省，大多中青年向外省流出，导致安徽省常住人口的老龄化程度进一步加深，养老负担逐年加重。按国际通行标准，安徽省自 1998 年起 60 岁及以上人口比重就超过 10%，即进入人口老龄化阶段。数据显示，截至 2018 年末，全省常住人口为 6323.6 万人，其中 60 岁及以上人口为 1159.7 万人，占总人口的 18.34%。日趋严重的人口老龄化问题对安徽省的养老服务供给提出了较高的要求，但目前安徽省的养老服务业发展仍然存在较多的问题。安徽省养老服务形式仍以居家养老为主，社区养老和机构养老尚未实现大面积的覆盖和理想的入住率，尚未构建完善的养老服务体系，存在供给不足、分配不均、服务水平低等诸多问题。本节从供给体系、供给结构、资金、人才四个方面分析目前省内存在的养老服务问题，以期为省内养老服务业发展提供参考。

一、养老服务业供给体系不完善

养老服务业供给体系不完善的主要原因来自政府和市场对养老资源供给的错配，供给体系不完善主要表现为公办与民营资源不均等、养老服务供给城乡差距较大和政策体系不完善三个方面。

（一）公办与民营资源不均等

目前养老服务产业从供给主体上可大体分为家庭、政府和市场三个主体，居家养老所代表的家庭养老供给是目前最普遍也是最为老年人接受的养老方式，但随着养老服务业逐渐发展，社会养老供给将缓慢取代居家养老。当前的养老机构主要表现为公办公营、公办民营和民办民营三种方式。从养老机构设施建设方面来说，政府组织建设的养老机构占到了全部养老机构的三分之二，民办养老机构的供给比例明显不足。经调研发现，公办养老机构在一定程度上存在价格机制不合理的情况，主要表现为公办养老机构相比公办民营养老机构及民办民营养老机构没有一套清晰完整的定价机制。与此同时，公办及民营养老机构的市场地位并不平等，政府供给主体在资金供应、土地使用等方面都享有优势，因而环境比较好，而市场供给主体由于政府的支持力度不足，社会化、专业化程度不高，同时养老机构自身的环境也不如公立的养老机构，在各种资源的获取上都处于弱势地位。虽然政府也出台了相应的优惠政策，但是往往在实际运行中难以实现，诸多民营性质的养老机构表示运营成本高且政府投入不足，利润微薄甚至长期负债，对民营机构的养老设施升级和服务质量提升都造成较大的阻碍。

（二）养老服务供给城乡差距较大

我国除了存在“未富先老”等问题，还存在“未城先老”等特有困境。相比城市而言，农村社会事业发展滞后，农村居民养老的医疗保障制度尚不健全，农村老龄工作和老龄事业面临诸多问题和短板。近年来，随着我国城镇化建设的大力推进，大量农村劳动力从农村流向城镇，使得农村实际的老龄化程度、贫困比例、增长速度、地区差异等都大大高于城市，形成老龄化城乡倒置的严峻格局。农村养老机制建设缓慢，虽然“新农保”成为农村多元养老模式的重要组成部分，但其实际关注度、参与率及保障水平仍存在诸多缺陷，具体执行起来也不够到位。

（三）政策体系不完善

在我国农村 60 岁以上的老人中，80％以上的经济支持主要来自家庭，包括老年人自己的收入和积蓄以及子女或其他亲属的经济赡养，由于农村居民可支配收入远低于城镇居民，因此农村居民用在养老方面的资金相对少了很多。相对于城镇的社区养老、公寓养老，农村的主要养老机构仍是政府出资修建的敬老院，基础设施建设经费几乎都来自当地乡镇政府的财政支持，而这些机构日常运营所需的费用大多来自在敬老院居住的“五保”老年人的“五保”费用。大部分农村养老机构的运营经费十分紧张，只能维持最基本的生活支出，这些费用甚至还包含机构工作人员的伙食、外出、医疗和工资等各项费用，在剩余的资金中，可用于提升在院老人生活质量的资金就更显得微不足道了。与此同时，很多养老服务机构缺乏保障老年人安全的无障碍设施，甚至老年人常用的护理和理疗设备十分缺乏，连最常用到的测压仪、测血糖仪等仪器都不能保障每个机构点都有供应，且出现故障后也不能得到及时修理，即使床位数和容纳有入住需求的老人数量明显增加，但基础设施过于薄弱，影响老人的入住积极性。

养老服务产业相关政策制度仍不够完善，在养老供给、养老监督管理、养老服务支持体系中仍存着较大的空白亟须完善。政府为完全发挥其在养老服务中的兜底作用，政府对老年人养老服务的兜底对象主要是城市中的“三无”老人和农村的“五保”老人，公办的福利院、敬老院应该是为他们提供的，然而实际上目标人群真正入住到公立养老机构、享受国家保障的比例较低，甚至存在健康退休干部利用关系侵占了这部分老人的利益，导致农村部分福利院出现一床难求的现象。从管理体系而言，当前养老服务的监控评估机制是不健全的，没有良好监督机制的保障，服务水平和服务质量难以保证。政府虽然提到要大力发展养老服务业的规划，但具体的实施仍存在着各种挑战，如：资金的拨款是否到位，是否真正用到了目标人群上，养老机构和养老设施是否有明确的规划，服务人员的培训机制仍不健全。

当前养老服务经济支持主要来源于政府，对供给方的支持有资金和政策支持两种，但这些优惠政策并不足够支撑养老机构的繁杂支出，很多时候由于土地资源的稀缺和地价的不断上升，社会福利机构很难获得土地，由于缺乏具体的实施细则，难保证公共资源流向公益性事业。与此同时，针对养老服务的信息化建设仍比较滞后，这也是养老服务供给上存在偏差的主要原因，信息化建设的短缺使得政府无法清晰及时地了解老人需求的变化，难以保证养老服务的及时性与可得性。

二、养老服务业供给结构不合理

目前我省的养老供给主要包括以居家养老为主的家庭养老方式，以公寓养老、敬老院和福利院为代表的公营和民营机构养老、以社区养老为代表的公营福利性养老机构，三者在规模和占比上不够均衡，对于提高全省的养老服务水平造成了一定阻碍。

（一）家庭养老所占比例较大，养老压力过大

家庭养老仍是养老供给的主流方式，在所有养老供给方式中占据最大比例，但家庭养老正面临着严峻的挑战，随着老龄社会的深度发展，失能、半失能老年人以及空巢家庭老年人数量呈持续增长态势，老年人的照料、护理问题显得尤为突出。随着人们生活节奏的加快，职业流动性大以及独生子女政策的推行等，传统的家庭养老供给方式受到了很大的冲击，传统意义上的家庭养老观念和功能逐渐弱化。尤其是随着独生子女政策带来的“421”家庭结构的凸显，很多这样的家庭无法承受四位老人的养老负担，这不仅给年轻人造成很大的压力，同时也无法满足老年人的养老需求。

（二）机构养老供给不足

虽然近几年来政府部门不断加大对养老机构建设的扶持力度，养老机构建设得到了长足发展，但实际上仍然无法满足目前老龄化社会发展的现实需要，发展滞后、供给不足、资金短缺等问题极大地制约了机构养老服务事业的发展。首先由于受到资金匮乏因素的影响，养老机构在数量、质量上都发展缓慢，尤其是民营养老机构，因资金匮乏导致基础设施很差，不仅面积窄小、设施简陋而且相应的卫生医疗条件都很落后，导致很多老年人不愿意到民办养老院入住。其次养老服务内容单一，设施条件较差、档次较低，不能满足老年人多元化、个性化的需求。有的老年人需要心理辅导、康复训练、医疗救治等，很多养老机构不具备这些服务功能，因此无法吸引更多的老年人入住，进而也导致很多小型养老机构生存困难，面临倒闭。最后新兴的“医养结合”型养老机构尚处于发展阶段，不但数量不足，而且受医疗护理资源短缺、资金来源渠道单一、护理人才匮乏、医保报销受阻等因素的制约，“医养结合”型养老机构发展得不够充分。

（三）社区养老供给效率低下

社区居家养老的优势在于老年人足不出户就可以享受到机构养老的服务，但在实际操作过程中出现了很多问题。一方面，社区服务内容单一、服务设施简陋，许多服务项目没有实际开展，真正能够为老

年人提供的养老服务非常有限。另一方面，缺乏专业的工作人员，不但数量不足，而且专业素质缺乏。再者，社区居民对社区养老服务的了解不够，认可度低，参与的积极性很低，宁愿选择家庭养老也不愿意尝试社区提供的养老服务。

三、养老资金供给呈现较大缺口

养老服务产业运营资金的匮乏造成养老机构难以发展升级从而改善老年人的居住环境，首先分析养老服务机构资金缺乏的原因，在此基础上探讨养老服务资金的来源缺口问题。

（一）养老机构资金缺乏原因

1. 入住率不足使得经济入不敷出

收费过高使得老人无法负担入住费用，收费过低又使得机构难以运营。地理位置偏远、硬件条件有限、服务水准不高、医疗等配套不足、收费偏高、品牌没有形成导致公信力低下等都是养老院入住率偏低的原因，尽管随着“养儿防老”的传统养老方式逐渐受到挑战，大多养老机构仍然面临着巨大的生存压力。

2. 运营成本偏高

老年公寓的运营成本较高，由于需要负担房租、水电、饮食以及占比最大的护理人员工资费用，且老年公寓难以通过征收高昂的入住费用来提高收入。因为老人无法负担高昂的入住费用，同时高费用只会导致入住率的进一步下降。大多数养老机构由于兼具福利性质，常年处于亏损状态，难以改善其现阶段的发展状况，无法为入住老人提供逐步完善的居住环境。

3. 政策扶持力度不足

在公办公营、公办民营和民办民营三种养老机构中，公办公营的资金压力最小，硬件设施也最为全面；公办民营养老机构大多是借用废弃的公营机构场地或是废弃的楼房改造而成；民办民营养老机构的生存压力最大，除去外界少量的资金支持外，其日常运行费用完全由入住老人的床位费维持，常年处于入不敷出的艰难境地。多数民办养老机构不具备必要的医疗条件以及医养结合的功能。国家的优惠政策没有完全落实到位，目前养老机构所享受到的优惠政策主要是税收减免，但是在水费、电费、土地使用、建筑等方面并没有享受到足够的政策优惠和制度扶持，多方面原因导致民办养老机构大多通过降低人工成本、减少服务、牺牲质量来维持生存。过低的行业工资又不能吸引高素质、有经验的服务人才加盟，使得养老院的整体服务水平难以提高，导致老人不愿入住或者撤离，从而形成恶性循环。

（二）养老服务业资金来源缺口

养老服务产业快速发展的最大制约因素就在于资金缺口，仅凭入住费用甚至无法维持养老院的日常开支，财政资金和社会闲置资金流入无法促进养老事业的进一步发展。

1. 政府财政资金投入不足

近年来，严重的人口老龄化问题和养老事业的发展受到政府部门的高度重视，各主管部门相应拿出部分财政资金用于发展养老公共服务，但是民办尤其是农村地区养老机构的整体基础特别薄弱，资金缺口过大，上级政府即使拨款支持，也不能从根本上解决这个困境。与此同时，大多数财政补贴需要满足其所提出的时间运营长短以及老人入住率和床位的数量等各类条件，而民办的农村养老机构大多难以达到这些要求，因此也就不能获得政府给予的相应津贴，其运营经费仍然十分紧张，除去少量补贴，可用于提升在院老人生活质量的资金就更显得微不足道。政府财政投入力度不足，私营组织不愿意介入，第三方组织自身能力有限，严重制约养老服务产业的发展。

2. 社会资金投入不足

基于传统养老观念的影响，各类社会主体对养老组织及养老事业的整体发展缺乏深入的了解，养老机构在社会中的影响力及认可度均存在较大的不足，由此导致社区养老机构的融资渠道较为单一。在营利性机构看来，社区养老机构所处的行业大环境较差且所服务的社会主体及产生的经济效益有限，导致多数营利性机构认为投资养老机构的发展可以追逐的经济利益有限，不愿意在社区养老服务领域投入更多的资金。此外，养老服务参与主体的相关政策也限制营利性组织的加入，许多私营组织更愿意将资金投资到能谋取最大经济利益的行业。

与此同时，社会捐赠力度有限，社会爱心人士的捐赠没有落实，应当鼓励更多的社会群体对养老服务事业进行捐款，帮助养老服务事业全面发展，众人拾柴火焰高，在社会各界群体的帮扶下，养老机构的生存状况将大大改善。

四、缺乏规范化的管理人才和服务队伍

在家庭养老能力逐渐下降的现实下，子女为父母提供的养老服务越来越显得心有余而力不足，同时父母也感觉到自己的养老问题在一定程度上成为子女的负担，发挥机构养老服务模式和相应的专业服务人员的辅助作用显得十分必要。按照《民办养老机构管理办法》的规定，护理人员与服务对象的配备比例：对于服务对象生活能自理的，配备比例不低于1∶8；需要半护理的，配备比例不低于1∶5；需要全护理的，配备比例不低于1∶3。但养老机构中的实际护理人员配比比例远低于此，专业的养老服务能够影响老人享受养老保障的直接感受，只有不断提高养老服务队伍的专业程度，才能充分保障养老服务供给，然而目前养老服务队伍建设薄弱。

调研发现，养老机构的从业人员普遍存在着素质不高、仅能从事简单服务工作内容的问题，对社区养老机构的进一步发展产生制约。目前，养老机构的服务人员主要是下岗人员、失业人员以及农村进城务工外聘人员，年龄一般在40～50岁之间的女性，她们由于缺乏再就业的能力，便选择那些简单劳动服务的工作，在养老机构中从事的服务老年人、照顾其生活起居的工作，其工作内容主要是满足养老机构的老年人的基本生活需求，对于需要专业化的服务工作如定期医疗保健、专业护理等工作便难以胜任，同时其周转率较高，护理人员队伍具有较大程度的不稳定性。进行网上办事或交流的养老需求需要计算机知识、瘫痪或有疾病的老人的养老需求需要专业的医护知识、进行心理辅导需要专业的心理咨询知识等，而这些专业知识是需要专业人员提供，养老服务人员因缺乏专业技能或专业化水平低而提供不了。据有关数据显示，超过50％的养老机构没有职业医生，按照国家规定获取医师护理资格的护理人员不超过总人数的三成，在我国培养的大

量社会工作人员当中，只有7%的大学毕业生从事与社会工作相关的工作，培养过程重理论轻实践，效果不佳。其余大部分从事其他行业，这让我国的养老机构的现状更加恶劣，专业的护理人员十分匮乏。

养老机构的专业化管理人才培养刻不容缓，我国可以通过借鉴德国的养老职业教育来培养管理人员，德国养老职业教育实行双证书制度：学校负责颁发理论课程合格证书，企业（养老机构）负责颁发实践课程证书；学校校长兼任养老机构院长，这种校企合作培养方式将培养出以市场为导向的优秀专业管理人才。我国需要加快探索护理学院经营老人公寓模式，其优势主要表现为医院式管理、专业技术优势、教育研究优势。(1) 医院式管理：以护理为主的医院管理服务，是其特有的管理模式。(2) 专业技术优势：护理学院的医疗护理知识资源丰富；老年护理专科人才有更多的专业知识和经验，更能够了解老人的需要。(3) 教育研究优势：护理学院经营老年公寓，大量的实践机会使学生得到锻炼，又可以为老年公寓提供更为周到的服务，是一种双赢行为。

第五章 安徽机构养老案例

案例一 皖北面向城市的阜阳市老年公寓

阜阳市老年公寓位于阜阳经济技术开发区京九办事处，是阜阳市民政局在市委市政府的支持下筹建的，设有床位 500 张，设施完善、功能齐全，是集养护、托管、娱乐、康复和医疗等服务于一体的公建民营社会养老福利机构。阜阳市老年公寓得到了党和政府及社会各界爱心人士的大力支持，被中国老龄事业发展基金会授予全国爱心护理工程示范基地、全国首届敬老志愿服务模范单位，被民政系统授予为民服务创先争优“优质服务品牌”，被全国老龄委授予“全国敬老文明号”光荣称号，被民政系统评为中国 AAAAA 级社会组织，被中华慈善总会授予中华慈善奖，先后通过国家环境管理、质量管理、职业健康安全管理三大管理体系认证。

阜阳市老年公寓的付林院长被中华慈善总会评为“长期照护机构全国十佳院长”，被聘为中华慈善总会长期照护专业委员会常委、“中华孝亲敬老之星”“敬老功臣杯”模范院长、阜阳市首届“十大孝星”。

一、硬件设施

公寓总占地面积 20 余亩，建筑面积达 1.1 万平方米。公寓环境优美舒适，宛若花园，鸟鸣绿树，鱼游碧水，花草满园，四季幽香，被誉为“花园式单位”“绿化先进单位”。有医用电梯、生活电梯三部，楼梯台阶踏步缓、低，舒适又安全，房间内部按照星级宾馆的配备，高档、温馨，根据老人的不同需要设有夫妻间、双人间、多人间，房间全部使用胶柔地板，宽敞舒适，光线充足，配置有床前服务呼叫器、独立卫生间、洗浴设备等，地源热泵热水空调系统、太阳能集热系统、“水沐银龄”洗浴中心。全院实行安全监控，处处体现出人文特色。

二、入住老人的基本数据

公寓目前入住490余人，基本上住满。老人来自阜阳及周边市、县、区及农村地区。其中男性老人占38%左右，60岁以上老人占总入住老人的95%。入住前的职业有退伍军人、教师、商人、农民、工人，等等。公寓入住老人的身体健康状况分为自理和不能自理两种，其中自理老人占45%左右。入住原因：子女上班，家人无暇照顾；生活不能自理，家人无法照顾；从医院出院后需长期卧床的，家中医疗条件达不到治疗要求，如气切病人等；收入只有退休工资及养老保险，从少到多不等；文化程度从文盲到本科以上的学历均有，其中文化程度不高的老人占绝大多数。

三、服务人员情况

目前阜阳市老年公寓共有护理员工100余人，30～40岁年龄段共计30余人，41～60岁年龄段共计70余人。由此可见，老年公寓的护工整体年龄偏大，且通过调研发现，护工多为家庭妇女，文化程度不高，高中以上学历占员工总数的50%。护理员均持养老护理证上岗，分为初级和中级，护工月收入为3000～6000元。

四、服务团队和管理体系

阜阳市老年公寓有后勤部、护理部、财务部、办公室、医技部等部门，共计160余人，其中行政管理人员20人，管理团队一直在壮大。

（一）服务主体及职责

1. 养老院院长职责

院长需要全面主持老年公寓的行政、医疗、经营管理工作，确保老年公寓的各项工作正常完成；对养老市场发展具有敏锐的市场反应能力，主持老年公寓发展规划和年度工作计划的制定并组织实施；严格实行科学管理，健全老年公寓质量管理的措施，建立并执行各项规章制度，不断提高服务水平；制定综合目标责任制，并与各部门负责人签责任书，确保责任制的落实和奖惩的兑现；负责老年公寓的行政管理工作，依据公寓规定，做好职工的聘任、考核、业务培训、晋升、奖惩等工作，对各部门责任目标完成情况进行考核；定期参加护理工作，检查护理的服务质量，了解老人需求，保证不断提高服务质量；接待社会各界来访、参观、咨询，与政府部门和有关社会团体、机构保持联络；定期向上级主管部门汇报、总结工作。

2. 护理员职责

护工需要清洁卫生：包括完成老人的晨、晚间护理照料、帮助老人清洁口腔、帮助老人修剪指甲、洗头洗澡以及整理仪容仪表、为老人更衣、更换床单，整理老人衣物、预防褥疮等；睡眠照料：指帮助老人正常睡眠，分析非正常睡眠造成的原因并解决；饮食照料：指协助老人正常饮水、进膳并为吞咽困难的老人进食、给水；排泄照料：指协助老人正常如厕、对呕吐老人进行护理照料、配合护士照料二便异常的老人；安全保护：指协助老人正确使用助行器，对老人进行扶抱搬移，预防老人走失、摔伤、烫伤、噎食等意外事故。

（二）管理制度

1. 服务人员岗位制度

阜阳市老年公寓全体服务人员需要热爱养老事业，热爱本职工作，时刻为老人着想，做到细心、全面服务；尊重老人的人格和权力，对待老人一视同仁；坚守岗位，尽职尽责，上班时间不干私活、不串门，全心全意干好工作，确保安全工作；文明礼貌服务，举止端庄稳重，语言文明，态度和蔼，同情关心体贴老人；与老人家属经常保持联系，主动与家属密切配合，共同照顾好每一位老人；遵纪守法，廉洁公正，不利用工作之便徇私，不接受老人的礼物，不接受红包。做到自尊、自爱、自强；服从分配，同事之间相互尊重，勇于批评和自我批评；精益求精，不断提高自身的素质和服务水平。

2. 消防安全制度

每日进行防火巡查；每月进行一次防火检查；防火巡查人员应当

及时纠正违章行为，妥善处理火灾危险；严查用火用电是否安全；认真贯彻“预防为主，防消结合”的消防工作方针，对全体职工开展消防安全教育及培训工作。

3. 财务管理制度

老年公寓种、养、加工及所有经营收入，有关部门及组织捐款捐物，上级民政部门、政府的拨款、财产转让、出租收入、利息收入等均应入账；实行“一支笔”审批制度，所有开支均需报院长审批；支出凭证（除老人生活费用开支外发票外）必须符合国家规定，并有经手人、证明人和领导签字，财会人员方可报账；严禁挪用公款，严禁以任何名义、理由将公款借给或变相借给个人；公寓所有的固定资产都要登记造册，其他财产要有财产清查表并列入移交；财会人员要忠于职守，严格执行财会纪律和财政政策，正确履行《会计法》；院长在财务开支审批中，严格按照财经纪律办事。不得滥发奖金、补贴和实物。

4. 食堂管理制度

食堂的厨具和公用物品，必须指定专人保管，进出物品要登记造册，损坏和消耗的物品须经院长同意方可报损；食堂的库存等存放在保管室内，进出库要登记；保持食堂卫生整洁，生熟物品和餐具分开，不得混放；安排好食谱，注意营养搭配，按时就餐；做好卫生和消毒工作，保持食堂内清洁卫生，做到每餐一打扫，每天一清洗；食用工具每天用后应清洗，保持洁净，食具做到“一刮、二洗、三过清、四消毒、五保洁”；工作人员上班时应穿戴整洁的工作衣帽，并保持个人卫生；成立膳食委员会，由老人和有关工作人员组成。

5. 学习和会议制度

实行院长会议制度和院长及老人会议制度；院长会议每周一召开一次，特殊情况、重大问题可临时召开。每季度末召开一次工作人员会议，开展批评与自我批评，进行工作自查，交流思想；院长及老人会议为总结、点评上月工作传达上级相关会议、文件精神；建立健全完整的培训制度，每月至少组织一次培训与考核。

6. 老人管理制度

全体老人必须服从本公寓管理，自觉遵守公寓各项规章制度，爱护公共财物，文明，团结，互尊互助；所有老人都必须遵守作息时间，严禁私自翻墙爬栏，造成的伤害公寓概不负责；老人外出必须向工作人员请假，不得私自外出；不准偷盗他人财物，污骂、殴打他人，挑拨他人是非，骗取他人钱财等；未经许可，严禁到电源区、高空区、食堂、仓库和有危险隐患的地方活动。

五、运营情况

目前公寓入住老人有 490 余位，入住率达 98%。公寓配有精干的管理队伍、专职医护人员和专业的养老护理员，所有管理人员均是从一线护理开始做起，为入住老人设立终身健康档案，记录老人的病史、身体和心理情况、饮食特点、爱好等。按计划为每位老人实施心理呵护，测量生命体征，定期体检，无病提前预防。从一般护理到 24 小时专护、喂水喂饭、洗脚擦身、大小便护理等二十几项精心周到的服务，对于生活上处于半自理、完全不能自理和临终期老人，实施康复训练、医疗保健，积极帮助老人在一定程度上恢复生理功能，提高生命质量。

阜阳市老年公寓的收费等级见表 5－1 所列。

表 5－1　阜阳市老年公寓的收费等级　（元/月）

<table>
<tr><th rowspan="2">类别</th><th rowspan="2">等级</th><th rowspan="2">房间标准</th><th colspan="4">收费项目</th><th rowspan="2">合计</th></tr>
<tr><th>床位</th><th>伙食</th><th>护理</th><th>管理</th></tr>
<tr><td colspan="2" rowspan="2">自理</td><td>多人</td><td>450</td><td>600</td><td>750</td><td>180</td><td>1980</td></tr>
<tr><td>二人</td><td>650</td><td>600</td><td>750</td><td>180</td><td>2180</td></tr>
<tr><td rowspan="5">不能自理</td><td>五级</td><td>多人</td><td>450</td><td>600</td><td>1050</td><td>280</td><td>2380</td></tr>
<tr><td>四级</td><td>多人</td><td>450</td><td>600</td><td>1350</td><td>380</td><td>2780</td></tr>
<tr><td>三级</td><td>多人</td><td>450</td><td>600</td><td>1850</td><td>480</td><td>3380</td></tr>
<tr><td>二级</td><td>多人</td><td>450</td><td>600</td><td>2250</td><td>580</td><td>3880</td></tr>
<tr><td>一级</td><td>多人</td><td>450</td><td>600</td><td>2650</td><td>680</td><td>4380</td></tr>
<tr><th rowspan="2">类别</th><th rowspan="2">等级</th><th rowspan="2">房间标准</th><th colspan="4">收费项目</th><th rowspan="2">合计</th></tr>
<tr><th>伙食</th><th colspan="2">护理</th><th>管理</th></tr>
<tr><td rowspan="2">医养结合特护</td><td>特二</td><td>多人</td><td>600</td><td colspan="2">3500</td><td>780</td><td>4880</td></tr>
<tr><td>特一</td><td>多人</td><td>600</td><td colspan="2">4200</td><td>880</td><td>5680</td></tr>
</table>

阜阳市老年公寓的服务项目见表 5－2 所列。

表 5－2　阜阳市老年公寓的服务项目

类别	等级	界定标准	提供服务
自理		完全自理，神志清醒，大小便可控，能自行登厕，不需要借助器具行走	助浴服务；开水提供；更换清洁；卫生保洁；床单
不能自理	五级	身体健康的老人，日常生活完全自理，神志清醒，大小便可控，有下列情况之一：1. 失聪或单目失明；2. 需打胰岛素；3. 能上下床，搀扶助行器能登厕	除自理护理服务外，增加：洗脚服务；发药服务；理发服务；胰岛素注射；高血压检测一次；24 小时值班护理
	四级	可自行饮食，神志清醒，大小便可控，有下列情况之一：1. 双目失明，不影响自主生活能力；2. 上下床、登厕，穿脱衣主要依靠护工	除五级护理服务外，增加：上下床、登厕搀扶；失明老人行走指导
	三级	神志清醒，大小便可控，有下列情况之一：1. 偏瘫，能站立；2. 饮食易呛食，饮食能力差，需协助/看护；3. 上下床，登厕，穿衣脱衣需护理员	除四级护理服务外，增加：饮食看护服务；下床、登厕、穿脱衣服务
	二级	有下列情况之一：1. 老年痴呆，无躁动或药物可控；2. 失语，表达能力差；3. 卧床能自行翻身；4. 大小便单一可控，或控制能力差	除三级护理服务外，增加：老人行为看护服务；穿脱衣；登厕服务；老人上下床转移；晨晚间护理
	一级	有下列情况之一：1. 老年痴呆中后期；2. 卧床不起，需定时翻身；3. 需喂水喂饭；4. 大小便失禁；5. 体重较重，护理工作量大；6. 睡眠质量差，不服从管理	除二级护理服务外，增加：定时翻身；老人重点看护；辅食添加；床上大小便照料；更换纸尿裤
类别	等级	界定标准	提供服务
医养结合特护	特二	有下列情况之一：1. 留有胃管、导尿管、造瘘口；2. 透析；3. 术后康复；4. 痴呆严重、躁动	除一级护理服务外，增加：各类导管看护；透析看护；术后特护；约束护理；医护 24 小时护理
	特一	有下列情况之一：1. 气切手术后；2. 植物人；3. 临终老人	除二级特护外，增加：临终呵护，气切管护理

阜阳市老年公寓老年活动中心有书画室、棋牌室、健身房等。老人们可挥毫、咏唱、健身，各有乐趣。宽敞豪华的多功能大厅可同时容纳 200 名老人使用，根据老人的身体健康状况、兴趣爱好、文化程度，开展有益于身心健康的各种文娱、体育活动，丰富老年人的文化生活，使老人们心情舒畅、生活充实、积极乐观。公寓设有彩电、钢琴、奇石艺术展览馆、寿星网吧、图书室、老人文化广场等，图书阅览室可同时供 20 名老人阅览；老年人可通过寿星网吧和远离身边的家人、朋友进行视频交谈。阜阳大中专学校青年志愿者以及社会各界爱心人士不定期开展为老人送温暖、送欢乐活动，与老人进行必要的情感交流和社会交往，消除老人的心理障碍，营造和谐的大家庭色彩。

公寓餐厅可根据老年人的饮食特点和营养需求，对膳食进行合理搭配，达到营养均衡，根据老人的需要或医嘱制作普食、软食、流食及其他特殊饮食，并精心做到清洗消毒餐具。

公寓制订有针对性的“入住适应计划”，帮助新入住老人顺利渡过入住初期，工作人员通过聊天、举办活动的方式加强彼此间的交流与沟通，以儿女之情体贴入微地关爱老人，为老人提供心贴心的服务，每月为老人过一次集体生日，热腾腾的长寿面、香甜的生日蛋糕、深情的生日快乐歌，让老人感动在幸福和亲情的氛围中，感受人间和社会的温暖，把国家、社会和家庭的关爱传递给老人，提高老人的生活和生命质量。对于临终关怀的老人，公寓通过充分人性化、个性化的护理和精心的生活照料，最大限度地减轻老人在精神上和生理上的痛苦，让他们在人间的温暖和社会的关爱中安详地、有尊严地走完生命的最后里程。

阜阳市老年公寓的组织发展情况见表 5 - 3 所列。

表 5 - 3　阜阳市老年公寓的组织发展情况

年份	阜阳老年公寓的组织发展情况
2002	蒙城县夕阳红老年公寓
2005	阜阳颍州老年公寓
2006—2009	颍州老年公寓发展四个分院（共 400 余张床位）

（续表）

年份	阜阳老年公寓的组织发展情况
2010	阜阳市老年公寓
2014	阜阳红叶林老年护理院，阜阳红叶林职业培训学校
2015	界首市红叶林老年公寓，颍泉区红叶林老年公寓
2016	阜阳市救助管理站，颍上县红叶林老年护理院，界首市红叶林老年公寓汪庄分院，社区居家养老服务项目
2017	红叶林与阜阳市第四人民医院合作医养楼项目
2018	颍东区新华办事处红叶林老年公寓，社区日间照料中心

六、机构特色

阜阳市老年公寓内设红叶林老年护理院，经卫生局批准、民政局支持，医保、农合融入的医养结合的养老新模式。针对长期卧床患者、各种老年病、慢性病、生活不能自理患者、中风后遗症、植物人、肿瘤晚期、阿尔茨海默症患者以及各类大手术后需要长期卧床、康复及其他生活不能自理的患者，提供生活照料、医疗、护理、康复、心理慰藉和营养治疗，也为生命垂危患者提供临终关怀服务。病房均采用无障碍设计，配备中心供氧、紧急呼叫、独立卫生间、淋浴间、中央空调等，全力打造阜阳医养结合、长期照护新亮点。

阜阳市老年公寓建有孝德讲堂，并将孝德讲堂打造成老年公寓的传统文化源泉，依托孝德讲堂，定期开设传统文化培训班，为员工传授传统文化知识，教授传统文化礼仪，提升员工的文化修养。

七、存在的问题

阜阳市老年公寓目前需向智能化养老转变，一旦完成转变，可以实时了解用户以及服务情况，通过硬件设施对老人健康检测监测实时上传自动生成个性化健康档案，并自动跟踪治疗，精准推送服务，等等。资金与技术是制约公寓进一步发展的主要障碍。虽然我国老年人的生活水平整体有了很大的提高，但收入水平和消费水平依然不高，消费观念还很保守，拥有花钱买服务这种想法的老年人还不是主流人群。政府在发展老年公寓上的投入比较有限，民办的老年公寓在贷款方面也存在着种种阻力。资金的不足限制了老年公寓进一步提高服务质量、增加服务设施，这在很大程度上阻碍了老年公寓的进一步发展。在技术方面，目前关于阜阳市老年公寓的研究成果较少，专利申请不多，需要进一步加强将技术转化为生产力的能力。

案例二　皖中面向农村的宿松县温馨老年公寓

安徽省宿松县温馨老年公寓创建于 2012 年 8 月，是经宿松县民政局批准成立的医养结合养老服务机构，也是宿松县首家公建民营管理模式的养老公寓。温馨老年公寓首建于破凉镇站前路 261 号，目前发展到覆盖北浴、陈汉、破凉老院、富华广场等 12 个乡镇的网格化养老公寓 13 家，占地面积近 90 亩，床位达到 2000 张，入住老人共计 750 余人。公寓法人赵长水生于 1966 年，毕业于合肥卫校临床医学专业，曾当过 18 年的乡村医生，出于对农村老人养老状况的深入了解和忧虑，于 2012 年创建了第一家温馨老年公寓。公寓成立以来，不断受到业内外人士的赞赏，被宿松县政府、县红十字会列为“敬老爱老示范基地”和“助残扶残示范基地”，法人赵长水也先后荣获“中国红十字会安徽志愿者先进个人”“安徽省敬老助残先进个人”等荣誉。

一、硬件设施

经实地调研及相关人员介绍得知，目前温馨老年公寓有中高端和低端两个档次，均为医养结合模式，中高端在破凉镇富华区域，主要针对经济条件较好的老人，低端主要针对“五保”户、无固定收入的农村老人，多为失能或半失能老人。中高端对应的养老公寓为居住式，一间房内住两名老人，配有阳台、空调、彩电、独立卫生间、热水器等设施，食堂每日三餐荤素搭配，符合老人的饮食习惯，楼下有一定的自由活动空间。室内的采光、卫生情况都较好，用餐时间也有护理人员将饭菜送至老人的房间，生活条件较好。低端养老公寓房内有

4～8个床位，基本电器具备，有观看电视、活动的室内场地，多是失能或半失能老人入住。低端公寓的居住条件稍差，但老人彼此间的互动交流更多，互动的时间更多，老人也比较满意。目前，温馨老年公寓正在筹备智能化公寓建设，通过与科技智能公司合作，研发智能床位、智能手表定位等产品，投入使用后将极大地提高入住老人的生活便利性。

二、入住老人的基本数据

温馨老年公寓目前入住老人总数为750余人，老人及其家人普遍较为满意。据相关人员介绍，由于女性寿命普遍高于男性，公寓入住的老人大多为女性，入住的老人80%为鳏寡或失能等情况，平均年龄为75～80岁。由于温馨老年公寓地处宿松县，入住的老人基本来自乡村，入住前多为农民，少部分为单位的离退休人员，平均文化程度为小学及以下，少有积蓄，基本由儿女负担养老费用。在实地调研及问询中发现入住老人的健康状况均不太好，无法独立生活，高血压、糖尿病等慢性病较为严重，许多老人腿脚不便，行走困难，甚至一部分老人全身瘫痪，完全不能自理。瘫痪的老人需要护理人员提供定时翻身、清理大小便、喂饭喂药等服务，需要护理人员提供细致入微的服务。

三、服务人员情况

温馨老年公寓目前有行政管理人员16名，医务、护工、炊事员、门卫、勤杂人员共有100多人，据管理人员介绍，国家对于养老机构护工人数的规定大致是：护理人员与失能的老人配比为1∶4，护理人员与半失能老人的配比为1∶6，能够全自理的老人无须护工。温馨老年公寓的护理人数为105余人，尚未达到国家对于护理人数的标准，因养老机构普遍面临着护工招聘难的问题。公寓的护工人员大多为乡村女性，年龄在45～60岁之间，身体较健康，文化程度为小学及以下。护工人员月收入在2000元左右，正在筹备但尚未实施五险一金政策，大多居住在本地，通过做护理人员的方式赚取工资补贴家用，都接受过有关护理的技能培训和专业知识辅导，具有较好的照顾老人生活和处理危急问题的应变能力。

通过实地调研发现护工人员的工作十分辛苦，完全失能的老人几乎需要睡眠时间以外全时段的看护，需要护工人员提供翻身、喂饭喂药、清理大小便等服务，能够活动的老人也需要加强关照，因为老年人骨质疏松，极容易在摔倒时出现粉碎性骨折的严重情况。护工人员也反映工作十分辛苦，但养老院作为一个福利机构，其中的工作人员都有向善的心，值得尊敬。他们愿意付出自己的努力照顾好老人，守护夕阳。护工招聘难已经成为养老行业亟待解决的问题，护工工作辛苦，但养老院收入有限，政府应加大对养老行业的支持力度，增加护工人员的工资补贴，为其提供一些生活上的便利，增强社会对于养老护工职业的认可度等，才能够早日解决问题。

四、服务团队和管理体系

温馨老年公寓共有行政管理人员 16 名，医务、护工、厨师、门卫、勤杂人员共有 100 多人，积极争取各级党委政府的支持，大胆探索创新，在没有经验可以借鉴、没有模式可以复制的情况下，终于闯出了一条公建民营养老服务的发展壮大之路。

（一）服务主体及职责

1. 院长的职责

院长需要全面主持养老院筹建工作，包括：市场开发与品牌建设、运营体系建设、队伍建设等方面；积极做好工作人员的思想政治工作，教育工作人员尽职尽责，做好服务，遵守职业道德，遵守法律法规；掌握市场的变化和发展情况，建立价格体系，与老龄委、民政局、医院等外部机构有良好的关系渠道；组织工作人员学习专业知识，开展技能培训，不断提高业务素质和服务水平，加强服务管理。通过开展服务满意度调查、平时抽检等方式对服务质量进行评估和考核，通过绩效考核、奖优罚劣等形式激发员工的工作热情，提高服务质量；负责接待和处理服务对象投诉建议；定期组织开展各类教育培训、节日（或特殊纪念日）活动，开展适合服务对象身心特点的日常文娱活动，丰富服务对象的精神生活；实行开门办院，为志愿服务机构和志愿者开展服务创造条件；监管院内财务管理，审核审批各项开支，广辟创收渠道，勤俭持家；定期向乡（镇）政府上级有关部门汇报工作情况自觉接受相关部门的监督、检查；制定各项规章制度，加强院务管理，提高管理效益，防止事故发生。

2. 温馨老年公寓主管的责任

老年公寓总部设在宿松县破凉镇，每个分院下有养老院的主管，主要负责协助院长的日常工作，招聘护工，管理养老公寓内的护工。

3. 护工的主要职责

公寓全体护工需要提醒和指导服务对象做好洗漱、沐浴、理发、剃须等个人清洁卫生，保持清洁、容貌整洁、无长指（趾）甲、身体清洁无异味；指导或帮助服务对象整理床铺，及时更换、清洗、晾晒衣物及床上用品，保持床铺干净整洁；每日定期清扫房间、整理服务对象个人物品及生活用品、清洗消毒卫浴设备，保持居室整洁、地面干燥、无异味；为生活不能自理的服务对象提供日常生活服务。指导他们使用拐杖、步行器、轮椅等辅助器具；引导服务对象改正不良习惯，制止其在室内吸烟；及时向食堂管理员报告当日就餐人数，并在就餐时间通知服务对象到食堂就餐；定时巡查房间，观察服务对象的身心状况，特殊情况及时报告并协助处理；做好当班、值班记录，按时交接班；积极参加院内安排的培训和学习，自觉遵守院内的各项规章制度。

（二）管理制度

温馨老年公寓的制度建设如下：

1. 消毒隔离制度

监督、指导护理人员严格执行消毒、隔离、一次性物品管理；对养老机构需备有消毒所需设备和物品，定期对服务对象的衣物、床上用品、厕所、洗浴设备和餐饮用具等进行消毒，确保安全卫生；并定期对走廊、功能活动区及设施设备进行清洁和消毒，保持公共服务区域的整洁卫生、无异味；设立隔离观察室，对疑似患传染病的服务对象进行隔离观察，并视病情的发展情况及时转送专门的医疗机构治疗。

对其用过的物品、居室都要严格消毒处理；按相关要求建立消毒工作记录；对全院护理人员进行预防、控制机构内感染等有关知识和技能的培训。向服务对象宣传消毒隔离常识，增强防范意识，提高自我保护能力等。

2. 传染病预防措施

养老院原则上拒绝接收感染传染病的老年人，本措施针对老年人住院期间突发感染传染病的应急处理措施，一旦发现及时转到有传染病病房的上级医院治疗。将传染病老人或带有传染性病菌的老人在传染期间，安置在指定的隔离病室，与健康的老人分离，防止病原体扩散。控制传染源、切断传播途径、防止传染病蔓延、保护易感人群。

3. 服务对象出入、探视及请销假制度

服务对象应遵守院内规章制度，不得无故请假、外出。服务对象外出必须请假，并经院长批准同意。服务对象经批准外出，工作人员应交代注意事项，填写出入登记表；服务对象请假外出，必须如实说明外出原因，包括到什么地方、找什么人、何时回院等，以便随时联系和查找；服务对象请假外出期间，参与非法活动或出现违规行为造成的一切后果，均由本人承担；不得批准失能、失智服务对象单独外出。服务对象确须外出，必须由家属或监护人书面申请并陪同，并在规定的时间内回院。回院后应及时销假。对外来办事和探视人员要问清事由及相关情况，对进出院物品要认真检查，确保安全。家属或监护人经批准在院逗留期间，应遵守院内相关规定。

4. 财务管理制度

认真执行财政法规和财经纪律，所有开支均需报批，坚持“一支笔”审批。重大支出需集体讨论，并报上级批准。各项收支均应入账，不得设置账外账。支出票据必须符合国家规定，并有经手人、证明人和领导签批方可报账；严禁挪用公款；公事确需借款，应经领导签批；严格按照现金管理的规定，资金做到日清月结；机构建设、管理和政府拨付运营补助资金实行专款专用，不得挪作他用；原则上按月收取服务费；价格变动应提前告知服务对象，不得强制收费；接受社会捐赠应统一登记，按捐赠方意愿和相关规定使用受赠款物；院里所有固定资产都应登记造册；接受院务管理委员会对财务收支和管理情况的监督。

5. 突发事件处理应急预案

比如老人出现走失、自伤、伤人、噎食和误吸、烫伤或食物中毒等情况时，应紧急送医或报警，及时治疗，做好院内其他服务对象的心理安抚和疏导工作，恢复正常的生活秩序。并且要认真分析原因，提出改进措施，杜绝类似情况再次发生。将相关情况通知服务对象家属或监护人。

6. 消防安全管理制度

在人员住宿和主要活动场所安装感烟火灾探测报警器和简易喷淋装置，配备应急照明和灭火器材。加强消防设施设备运行和维护保养，每年至少全面检查一次；定期更换消防设备，保证消防设备始终处于良好运行状态。保持安全出口、疏散通道、消防车通道畅通，应急照明、安全疏散指示标志完好。实行24小时值班，每天防火巡查不少于四次，其中夜间巡查不少于两次，并做好记录。每月至少组织一次防火检查。每半年至少开展一次消防安全教育培训活动。对服务对象进行消防安全的教育和培训，普及火灾安全防范、紧急救护、逃生技巧等知识，提高防范意识和自救能力。

7. 食堂的食品安全管理制度

食堂工作人员必须经体检取得健康合格证后上岗，并至少每年体检一次。注意个人卫生，保持干净整洁。食堂每餐食品必须留样，样品必须按照国家关于食品留样的相关规定，由专人负责进行采集、密封、标注信息。每周检查一次服务对象房间有无过期食品，提醒服务对象处理过期腐烂的食品等。

8. 服务对象档案管理制度

养老院实行一人（户）一档，长期保存。服务对象档案由专人保管。要遵守档案保密规定，未经服务对象及监护人同意，不得泄露其个人信息，保证了老人的信息安全。

五、运营情况

公寓占地面积总计近90亩，床位2000多张，入住老人共有750

人，入住率达到38%。“以人为本、孝行天下、服务老人、回报社会”是老年公寓的办院宗旨，养老公寓包括低端、中高端几个层次，满足老人的多种需求。养老公寓是网格化模式，从满足养老事业需要、方便城乡老年人入住、提高服务效能等现实问题出发，在全县22个乡镇科学布点，不断扩大发展规模。从2012年至今，共投资5600多万元，先后12个乡镇设立网格化的养老公寓；对每所公寓的外观标识、运行模式、医护人员配比都进行了统一规范，并统一开展医养结合服务，以满足入住养老人员在服务质量上的需求。

表5－4简单介绍了温馨老年公寓的收费等级和护理项目。

表5－4 温馨老年公寓的收费等级和护理项目 （元/月）

护理级别 项目	一级 （全自理）	二级 （半自理）	三级 （全护理）	四级 （特级护理）
床位费（元）	600	600	600	600
服务费（元）	360	660	960	1260
生活费（元）	450	450	450	450
水费（元）	30	30	30	30
电费（元）	40	40	40	40
室内物品折旧费（元）	100	100	100	100
合计（元）	1580	1880	2180	2480
服务项目	居室每天保洁、烧开水两次，清洗衣物床单等，按医生要求发放药品，洗碗、捡碗	含自理服务项目，另送饭到房，特殊情况帮助饮食，协助洗澡、剪指甲等，代为采购物品包括药品等	含半自理服务项目，另对不能独立饮食的老人喂饭、服药，帮助老人洗脸刷牙、洗澡、大小便等	含前三级服务项目，帮助老人解、清、洗大小便，特殊喂饮、打针、换药等协助服务

备注：1. 本收费标准为破凉富华区域专用，其他分院入住的人员每级减收500元。
2. 水电费超过自理。
3. 夫妻同房住每人优惠100元。

从表5－4可以看出，该老年公寓将入住老人的护理级别划分为四个等级，分别为全自理、半自理、全护理和特级护理，对应的收费标准为1580元、1880元、2180元、2480元，该收费标准对应破凉富华区域也就是中高端公寓，其他公寓收费标准应当依次递减500元。与其他地区公寓的收费标准不相上下，但是即使低端的全自理老人一个月的入住费用仍需1080元，而入住老人绝大多数为不能完全自理的老人，对于没有固定收入的老人而言仍是一笔不小的开支，经调查也发现，大多数农村老人的居住费用由儿女负担。公寓目前仍处于亏损状态，因养老机构本身定位于福利机构而非营利机构，场地、水电费、护理人员工资都是不小的开销，养老院也面临着种种风险，需要政府加大支持力度，可从资金调拨、护理人员培训、加大宣传力度等多方面入手，共同改善养老院的现状。

六、机构特色

温馨老年公寓充分利用自身条件办出特色，办出水平。温馨老年公寓根据每位入住人员的身体和心理的实际需求，提供个性化的生活照料、日常护理、康复理疗、精神慰藉、健身娱乐、友情交流和临终关怀等全方位的周到服务。

建立网格化养老公寓。从满足养老事业需要、方便城乡老年人入住、提高服务效能等现实问题出发，在全县22个乡镇科学布点，不断扩大发展规模。从2012年至今，共投资5600多万元，先后12个乡镇设立网格化的养老公寓；对每所公寓的外观标识、运行模式、医护人员配比都进行了统一规范，并统一开展医养结合服务，以满足入住养老人员在服务质量上的需求。

推行一体化智能养老服务模式。在每所公寓都建立了功能齐全的服务设施；从满足每个入住人员的心理需求和喜好出发，以自愿为原则，在每所公寓推行流动服务举措，以打破区域之间在环境、资源、文化等方面上的差异给养老事业造成的限制。对提出更换区域的入住老人，将根据其需要，安排在丘陵地区，或山区，或湖区，或城区的养老公寓居住，使其真正享受到“科学、绿色、亲情、文化”养老模式带来的高质量服务，让城里老人享受农村的生活、让农村老人享受城里的生活，使他们的晚年生活变得丰富多彩，从而达到智能养老服务的效果。

丰富“科学、绿色、亲情、文化”的养老内涵。实行科技养老，实现服务智能化。在每所公寓安装监控探头，随时监测老人的活动轨迹及身体状况，防止突发性情况发生；在失能老人床上安装了感应护垫，随时掌握老人大小便情况，以便提供及时、周到的服务；为失智老人佩戴 GPS 定位仪，设置电子护栅，随时掌握老人的活动情况，防止老人走失，同时监测老人心率、血压等生命特征。实行绿色养老，实现服务优质化。在每所公寓建立了生态化的种植和养殖基地，让入住的每位老人享受到无公害、无污染的绿色环保食品。实行亲情养老，实现服务人性化。为高龄、非自理老人提供医疗、康复、餐饮、心理咨询等全方位服务；定期组织老人过集体生日，为老人送祝福；逢年过节，举办各种联谊会，邀请老人亲属参加，让老人享受亲情带来的温暖。实行文化养老，实现服务多元化。在每所公寓设立了休闲广场、书画室、棋牌室、健身室等娱乐设施，配备了大型投影设备、音响，定期邀请社会文艺团体到各所公寓开展文娱活动，丰富老人的精神生活。

我们根据调研了解到，起初，公建养老院的入住率不到 15%，主要原因在于公建养老院的设备差，环境脏乱差。入住的老人较少，很多时候一百多张床位都空着。除此之外，一个公建的养老院，政府至少要配备三个专业的工作人员，每位工作人员的工资和生活费，每年至少需要 7 万元。温馨老年公寓走上公建民营之路后，努力提高设备，改善环境，入住率大大提高，床位供不应求。这大大盘活了政府资源。

公寓 80%以上的老人是失能或半失能的老人。尤其是“三无”老人（指城镇居民中无劳动能力、无生活来源、无赡养人和扶养人，或者其赡养人和扶养人确无赡养或扶养能力的 60 周岁及以上老年人）。公寓接受这样的老人，每年都是在亏钱，但是温馨老年公寓坚持不抛弃不放弃的原则，不以盈利为最终目的，极大地减轻了政府的压力。很多子女外出打工，无法将年迈的父母接到自己身边，于是将老人送到老年公寓，由于老年公寓的服务很周到，在外工作的子女再也不用担心自己的父母了，这极大地解决了外出工作者的后顾之忧，使他们能安心地在外工作。

七、存在的问题

一是土地审批问题。随着县域经济的发展，城市土地使用成本偏高，开办养老机构的场地只能利用县城下面乡镇的废旧厂房、学校等，因地制宜，才能慢慢发展起来。

二是资金筹措问题。温馨老年公寓现在完全是自主经营，自负盈亏。民营养老院与公立养老院不同，后者有国家财政资金的补贴，在设施建设以及控制成本上有着很大优势。而民营养老院的前期投资很大，回收时间长。由于固定资产不得抵押，办养老院也不得贷款，资金筹措尤为困难。如今，赵院长有意向中高端发展，资金问题仍是难题。

三是护工的招聘问题。护工的工作属于低层级服务，面对的基本上是失能或半失能的老人。护工的工作也异常艰辛，像那些完全不能自理的老人，护工要付出极大的耐心和精力。给护工开的工资少了，没有人愿意应聘；工资开多了，养老院这边又负担不起。即使招聘到了护工，养老院还面临如何留住护工的问题。赵院长表示，为了留住护工，他们除了给出不错的工资外，还经常帮忙解决护工子女的学业问题；护工家人生病时，还借钱让他们看病；护工的孩子上不起学时，借钱让他们的孩子上学；并且积极主动地关心护工的生活问题和感情问题。除此之外，他们还从道德上积极鼓励护工工作，他们提倡养老是一种慈善，护工照顾不能自理的老人更是行善积德。

无论是土地使用问题、资金问题还是护工问题，都需要政府的帮助。民营养老院最大的资金困难主要集中在土地租用、税收、水电费方面。政府可以在这些方面给予政策优惠。政府也要重视民营养老院护理人员的培训工作，建立健全相应的保障制度，提高其工作的积极性和创造性。护理人员也应该转变自己的观念，正确对待自己的工作岗位，树立职业道德感和荣誉感。除此之外，政府还应该鼓励非营利组织参与其中，减轻养老院的负担。

案例三　皖南面向城郊的铜陵市普济圩老年公寓

铜陵市普济圩老年公寓位于铜陵市郊区长江北岸，与市区隔江相望，依山傍水，空气新鲜，是老年人安居生活的理想场所。本公寓拥有专业的管理团队、一流的服务水平，是铜陵市目前集养生、休闲、康复、居家为一体的高端养老服务机构。公寓占地面积 50 亩，建筑面积 5200 平方米，四季果树齐全，绿化率 70%以上。共有 300 余张床位，有单人间、双人间、三人间等各种档次的房间。先进的“互联网+”智能化养老服务平台结合医养融合模式、配套齐全的设施设备，将为每个入住老人提供优质的服务。公寓面向社会开放，本着“以人为本、孝行天下、服务老人、回报社会”的办院宗旨，让更多老人真正享受老有所依、老有所养、老有所乐、颐养天年的晚年生活。公寓法人王桂芳于 2011 年自筹资金创办老年公寓，“老吾老以及人之老，幼吾幼以及人之幼”是她创办老年公寓的服务宗旨。公寓成立以来，不断受到业内外人士的赞赏，她本人光荣当选狮子山区人大代表，先后被评为“全国百名优秀敬老志愿者”“全国优秀护理员榜样人物”“全国孝亲敬老之星”“安徽省第六届十大孝星”“铜陵市民政好人”等光荣称号。

一、硬件设施

经实地调研及相关人员介绍得知，目前普济圩老年公寓基本满员，入住公寓的老人大部分来自市区，少数来自农村。养老公寓的房间配有阳台、空调和彩电。每一层公寓都配有卫生间、热水器、浴霸等设施，供老人使用，公寓顶层还配有阳光房，每日清洗老人的床单被褥和换洗衣物，有充足的空间晾晒。公寓前后都有广场供老人娱乐休闲。设有食堂，每日三菜一汤，荤素搭配，营养均衡，早餐、中餐和晚餐都有固定时间供老人餐饮。娱乐设施中，公寓配有画室、麻将室、休闲娱乐室，供老人室内娱乐。

二、入住老人的基本数据

普济圩老年公寓目前入住老人70余人，入住率较高，入住老人大多数来自铜陵市区，入住前多农民，文化程度不高。

据了解，入住的老人及其家人对普济圩老年公寓普遍设施和护工较为满意，当地居民对公寓院长王桂芳的评价也较高。在与院长和工作人员的交谈中，笔者得知该公寓目前入住的女性与男性的比例为5∶5，一半为半自理，一半为完全不能自理，平均年龄在75至85岁之间，年龄最大的一位老人为95岁。在调研的过程中，我们看到普济圩老年公寓需要特殊护理的老人有很多。许多老人腿脚不便，行走困难，甚至一部分老人全身瘫痪，完全不能自理。瘫痪的老人需要护理人员提供定时翻身、清理大小便、喂饭喂药等服务。这需要护工更加细致入微的照顾和关心。

三、服务人员情况

普济圩老年公寓目前有护工16人。根据国家对于养老机构护工人数的规定，护理人员与失能的老人配比为一比四，护理人员与半失能老人的配比为一比六，能够完全自理的老人无须护工。公寓的护工大多是退休离职人员，有城镇的，也有来自农村的。

普通护理人员的月收入在2000元左右，高级护理人员的月收入在5000元左右，尚未实施五险一金政策，每月包吃包住，逢年过节会发放一定的补贴。每位护工都学习了相关专业护理培训的知识，拿到了初级和中级的相关护理证书，具有较好的照顾老人生活和处理危急问题的应变能力。在调研的过程中我们看到护工的工作十分辛苦，对于一些需要特护和全护的老人，护工每日的工作量非常大。例如全身瘫痪的老人，需要护工人员提供定时翻身、喂饭喂药、清理其个人卫生等服务。此外，每天护工都要把眼睛时时刻刻“盯”住老人，防止老人摔倒受伤、磕磕碰碰。

四、服务团队和管理体系

普济圩老年公寓共有工作人员 51 名，其中行政管理人员 8 民，护工 16 名，医务、护工、厨师、门卫、勤杂人员共有 27 名。普济圩老年公寓自创办以来，管理团队不断壮大，护工人员逐年增加。在王院长的带领下，组成了一支配合默契、工作认真、素质优良的老年服务团队。“待老人好一点，待员工好一点”是王院长在创办老年公寓的过程中一直遵循的工作态度，带头人的辛勤付出也感动着所有员工，他们真正让老人过上了老有所依、老有所养、老有所乐、颐养天年的晚年生活。

（一）服务主体与职责

养老公寓的管理职责包括院长职责与护工的职责。

1. 院长的职责

院长需要认真贯彻执行法律法规，领导全院工作；热爱敬老院事业，树立以院为家的思想，积极参加生产劳动，带头完成各项经济指标；制订本院的长远计划和年度计划并组织实施，对工作要有布置、有检查、有汇报；教育职工树立全心全意为入住老人服务的思想，提高服务质量，定期检查并督促院内各项规章制度的落实；加强学习，不断提高管理水平和业务能力，深入了解情况，严防差错事故发生；团结工作人员，调动工作人员的积极性，勤正廉洁，做好表率，把单位办成一个团结、活泼、服务优质高效的集体；加强对财务和捐赠物的管理和使用，加强安全工作，加强与上下级及有关部门单位的协调，营造良好的环境；抓好院内经济，完成院收入指标，提高老人生活水平，组织老人开展形式多样的文体活动，丰富入住老人的精神生活。

2. 护工的主要职责

公寓全体护工需要牢固树立全心全意为老人服务的思想，照顾好老人的日常生活起居，做好生活护理和精神护理工作，保证老人满意；对老人要富有爱心，视老人如父母，关心老人，经常倾听、了解老人的想法和需要，真心诚意为老人排忧解难，在任何情况下不准打骂老人；搞好室内外卫生，要求无污垢、无异味，室外无杂物，搞好入住老人的个人卫生，包括洗澡、剪指甲等，保证入住者衣着、床铺整洁卫生；熟练掌握老人的姓名、年龄、身体状况等基本情况；坚持巡视查房制度，发现紧急情况及时应对解决并向上级汇报，避免意外事故发生；认真执行交接班制度，做好值班护理工作记录，交接班时双方查人查物、认真核对值班记录；经常为老人翻晒被褥，按时为老人清洗衣物，负责老人物品、用具的整理工作，保证老人室内干净整洁；坚守工作岗位，要做到随叫随到，认真做好巡视工作，防止出现老人坠床、摔跤等意外事故；工作时间必须穿工作服，挂牌上岗，杜绝迟到、早退、脱岗、串岗、睡觉、干私活、聚众聊天等违反院规院纪的行为发生。

（二）管理制度

1. 服务人员岗位制度

服务人员必须讲文明懂礼貌，热爱本职工作，具有奉献精神，尊重老人，视老人为父母；熟悉老人生活习惯、爱好和情绪波动变化，及时与老人沟通，想念家人有人联系，生病时有人护理；服务水平要创一流，做示范，严格遵守规章制度，执行服务工作流程，虚心接受老人的监督；不利于老人团结的话不说，不利于老人的事情不做，对待老人要时刻做到脑子灵活，眼尖嘴甜，手脚勤快，办事麻利；确保环境卫生洁净，室内无杂物无异味，清洗老人衣服被褥要干净，保证清洁无油垢；服务人员要严格遵守作息时间，不迟到、不早退、不脱岗，不得在老人房间休息，不动老人一针一线；严格交接班制度，工作必须完成，同事之间要互相团结，互相帮助；爱护公物、节约水电。

2. 消防控制室管理制度

消防控制室工作人员应严格遵守各项安全操作规程和各项消防安全管理制度；消防控制室应当实行24小时专人值班制度确保及时发现并准备处置火灾和故障报警；消防控制室工作人员每班不得少于两人；消防控制室自动消防系统的工作人员，应取得岗位操作证，并存放在消防控制室备查；消防控制室工作人员应按时上岗，并做好交接班工作，接班人员未到岗前，交班人员不得擅自离岗；消防控制室工作人员应按时上岗，不得脱岗、替岗、睡岗，严禁值班前饮酒或在值班时进行娱乐活动，因确有特殊情况不能到岗的，应提前向单位主管领导请假，经批准后，由同等职务的人员代替值班；应在消防控制室的入口处设置明显的标志，消防控制室应设置火灾事故应急照明、灭火器等消防器材，配备相应的联络工具；消防控制室工作人员要爱护控制室，保持室内卫生。

3. 消防安全管理制度

安全检查监督部要定期组织相关人员对消防工作进行检查，安排对重点部位进行经常性的消防检查，发现隐患，及时督促整改；各部门、班组要把消防安全检查作为安全检查的重点内容之一，要将消防责任落实到人，发现火险隐患，立即处理，需要领导协调时，要及时上报；安检部、各部门、班组要将防火检查情况做好记录；生产过程中有无违章情况；用火、用电有无违章情况；安全出口、疏散通道是否畅通，安全疏散标志、应急照明是否完好；消防设施、器材和消防安全标志是否完好；消防重点部位的安全管理情况；消防安全教育培训情况和员工掌握消防知识情况。

4. 财务管理制度

认真执行财政法规和纪律，所有开支均需报批。重大支出需集体讨论，并报上级批准。各项收支均应入账，不得设置账外账。支出票据必须符合国家规定，并有经手人、证明人和领导签批方可报账；严禁挪用公款；公事确需借款，应经领导签批；严格按照现金管理规定，资金做到日清月结；机构建设、管理和政府拨付运营补助资金实行专款专用，不得挪作他用；原则上按月收取服务费；价格变动应提前告知服务对象，不得强制收费；接受社会捐赠应统一登记，按捐赠方意愿和相关规定使用受赠款物；院里所有固定资产都应登记造册；接受院务管理委员会对财务收支和管理情况的监督。

5. 食堂管理制度

厨房的厨具和公共用品必须指定专人负责保管，进出物品要登记造册，损坏和消耗的物品需经院长同意方可报损；食堂的库存如大米、食油调料等存放在保管室内，指定专人保管，进出库要记并做到账物相符；安排好食谱，讲究干温相济，粗细调理，荤素搭配，按时就餐；

坚持公开办事制度，伙食费每月结算公布。

6. 运行制度

每月开展1次带教活动，做到经常化、制度化、规范化，工作室具体开放和活动安排应提前3天公布；以半年为一个周期，每年工作室至少培养出20名以上护理人员；定期走访机构和居家老年人，收集相关护理需求，梳理老年人迫切需要的护理项目；主动承接各类护理服务项目，带领团队学员积极为老年人提供各类养老护理服务；开展养老护理课题研究，着力破解养老护理和护理人才队伍建设重点、难点问题；建立工作室档案，及时将工作室工作的计划总结、培训情况收集、归档、存档；推荐区域内养老护理技能人才参加各级护理人员技能大赛，并负责赛前技能培训工作。

7. 请假外出制度

敬老院工作人员外出必须请假，未经批准不得离开；工作人员请假由院长批准，院长请假由乡（镇）政府分管领导批准；经批准外出，工作人员应交代注意事项，需使用个人有关证件的，给予有关证件，归院后交回有关证件；请假外出必须如实说明请假原因，到什么地方，找什么人，有什么事，以便及时联系和查找；工作人员请病假要持有正规医院诊断书，因特殊原因休假三天以上者，需提前报请院长批准；请假外出期间，参与非法活动和出现违规行为造成的一切后果，均由本人承担；外出人员归院后应及时销假，因特殊情况需要延假的，经批准后方可续假。未经批准超假或者逾假不归的，应予以批评教育；情节严重的，按有关规定处理。

8. 服务对象档案管理制度

养老院实行一人（户）一档，长期保存。服务对象档案由专人保管要遵守档案保密规定，未经服务对象及监护人同意，不得泄露其个人信息，保证老人的信息安全。

五、运营情况

公寓占地面积50亩，建筑面积5200平方米，四季果树齐全绿化率为70%以上。共有300余张床位，有单人间、双人间、三人间等各种档次的房间，目前入住了 70 位老人。自办院以来，王院长一直本着“以人为本、孝行天下、服务老人、回报社会”的办院宗旨，让住院的老人真正感受到在养老院里也可以享受到老有所依、老有所养、老有所乐、颐养天年的晚年生活。

表 5－5 简单介绍了普济圩老年公寓的收费等级和护理项目。

表 5－5　普济圩老年公寓的收费等级和护理项目

收费标准	床位费（元/月/床）	餐费（元/月/人）	护理等级	合计（元）
自理	650	450	200	1300
半自理	650	450	600	1700
全护	850	450	900	2200
特护	850	450	1300	2600

从表 5－5 可以看出，该老年公寓将入住的老人的收费标准分为了四个等级：自理、半自理、全护和特护。收费标准分别为 1300 元、1700 元、2200 元、2600 元。其中自理是指老人行为能力正常，思维清晰，生活能自理。服务内容包括：打开水、换洗被褥、房间打扫。半自理是指老人思维清晰，身体活动稍有不便。除自理服务内容外，另增加送饭、清洗餐具、协助洗脸、洗脚、陪护洗澡等服务。全护是指老人思维基本正常，但行动不便，有的大小便失禁。除半自理服务内容外，另增加穿衣、喂药、理发、修面、剪指甲、协助如厕等服务。特护是指老人不能行动，生活完全依赖他人照顾。除全护服务外，另增加喂水喂饭、排尿排便、清洗外阴、床品衣物可随时撤换清洗、定时翻身、夜间陪护。

六、机构特色

普济圩老年公寓自办院以来，在王院长的带领下一直摸索着富有特色的老年公寓经营之路。在不断摸索的过程中，通过工作人员的努力，老年公寓不再是单调乏味的敬老院，而是老人们快乐生活、享受晚年的小天地。在这里，老人们可以互相交流或者一起进行适当的体育活动、娱乐游戏，让心理与身体都得到幸福与健康。

普济圩老年公寓利用“互联网+”开启网络签约医生，老年公寓与医生进行合作，定期为老人进行简单的身体检查。当老人感觉身体出现一些小毛病，不需要第一时间跑医院，也无须“拖一拖”，小病拖成大病，随时快捷地接受网络签约医生的医疗服务，进行专业咨询快捷方便。将“互联网+”技术运用到老年公寓的管理中，运用智能控制技术提供养老服务，是以互联网、物联网为依托，集合运用现代通信与信息技术、计算机网络技术、老年服务行业技术和智能控制技术，为老年人提供安全便捷健康舒适服务的现代养老模式。智慧养老模式的原理是利用物联网、智能云计算等技术，实现各类传感器终端和计算机网络的无缝连接。在普济圩老年公寓中建立了自己的信息系统，已拥有智能腕表等可穿戴智能设备，具有心率测量、即时提醒、一键呼叫、防走失等功能，并通过“一卡通”可实现门禁、水电、就餐等多种功能。

七、存在的问题

一是老年公寓专业人才队伍建设问题。普济圩老年公寓有 70 余位老人需要护工护理，其中半失能老人占据一半，而护工仅有 16 人，平均一位护工要护理四个老人，这加剧了护工的工作量、工作难度。此外，目前普济圩老年公寓的护工在年龄分布上也呈现出明显的特征，16 位护工都是离职退休人员，年龄在五六十岁。在文化程度上，初中及以下文化程度的比例占三分之二以上，其余的是小学及以下文化程度。由此推断公寓护工从业者的年龄偏大，体力状况较差，加上受教育程度和知识结构的限制，普遍缺乏较好的综合分析判断能力和解决问题的能力，大多数养老服务人员不太善于与老人们交流沟通，适应不了老年公寓养老服务模式的转变，整体上很难胜任和满足高层次的养老照务需求。养老服务人才队伍的现状已经严重影响到老年公寓市场的健康良性发展，也影响到入住老年人养老服务需求的满足。因此，优化老年公寓养老服务人才队伍的建设机制、创新养老服务人才队伍的运行发展模式是解决这一重要矛盾的必由之路。养老服务专业人才队伍建设是一项复杂的系统工程，宏观上可上升至国家战略，微观上可细化到每个养老机构的人才引进与流动，养老服务人才队伍建设需要政府、社会、企业、家庭共同做出努力。

二是老年公寓发展中的融资问题。目前小型老年公寓都会遇到一个问题：银行等金融机构一般不愿意贷款。我国目前金融市场的发展阶段和成熟程度难以为养老市场提供良好的融资环境。此外，小型的养老机构自身规模小、发展不成熟也是融资困难的原因之一。

三是老年公寓市场的消费者特征也为投资带来了一些不确定性。老年人群体在收入、消费偏好、消费行为和需求倾向等方面具有不同的特征。他们的体能、生理和心理特征等方面也与其他群体有明显区别，这使得他们在产品和服务选择的偏好上也有其独特性。比如说自理、半自理和完全不能自理的老人在选择老年公寓的定位上是独特的，对硬件建设、设施设备的配备和服务水平的要求也差异甚大，混居在一起不仅会影响单个老人的生活质量，也会影响其他老人的心理感受。这种对产品和服务的异质性要求比较高的市场，投资的不确定性会加剧，从而会抑制市场投资的积极性。

老年公寓的发展在“未富先老”的中国注定会是一个引人注目的话题，家庭结构和养老观念的转变冲击着传统的养老模式，老年人对获取专业化的老年公寓养老产品和服务的诉求与日俱增，在理想和现实、需求和供给之间，目前还有许多共性和政策性等方面的难题亟待解决，需要政府与社会的共同努力。

第六章　安徽养老服务业的总结与展望

第一节　安徽养老服务业的总结

一、影响安徽养老服务业发展的宏观背景

第一，安徽养老服务业进入新时代。养老服务业的新时代与国家和安徽省的整体进程保持一致。由于历史欠账，“十二五”期间的安徽养老服务业发展相对滞后，在落实国家“十三五”养老规划时期，安徽养老服务业已逐步赶上。

第二，从全面建成小康社会的养老服务体系迈向初步实现养老服务现代化的历史新征程。“十三五”将于2020年结束，这也是全面建成小康社会的决胜之年，从2021年开始，中国将步入实现现代化的历史征程，安徽养老服务业的发展同样如此，2020年将全面建成多层次养老服务体系，开启养老服务体系现代化建设征程。

第三，现代养老服务业的发展将着力化解老年人高质量的生活需求与养老供给资源不足的矛盾。在全面建成小康社会阶段，养老服务业的任务主要是解决老有所养的问题；在养老服务业现代化阶段，则是要解决养得好的问题。提高养老服务质量，满足更多的养老需求，提高养老效率，促进养老权利平等，将是新时期需要解决的几个重要问题。

二、多层次养老服务体系建设成就显著

2017年，安徽省人民政府办公厅印发了《“十三五”安徽省老龄

事业发展和养老体系建设规划》（以下简称《规划》），根据规划要求，安徽省将用五年时间，健全“居家为基础、社区为依托、机构为补充、医养相结合”的养老服务体系，让多层次、多样化的养老服务更加方便可及。为落实省政府这一要求，各市也制定并实施相应规划，经过两年的建设，养老服务体系建设取得了显著成就。

第一，政策制度体系完备。目前，围绕“十三五”养老规划的贯彻落实，安徽省形成了多层次的配套政策制度体系。纵向上包括省市县三级政府养老政策；横向上涵盖了居家养老、社区养老和机构养老多种形式以及与养老配套的技术、医疗、社保等各个领域。一系列政策的出台，从根本上改观了养老服务政策赶不上养老服务业发展现实的面貌。

第二，资金保障体系健全。这一体系由以下几个部分组成：(1) 民生工程。2019 年 2 月，安徽省人民政府发布了《2019 年实施 33 项民生工程的通知》，新增 6 项民生工程中，第二项就是社会养老服务体系和养老智慧化建设。在继续实施 25 项民生工程中，城乡居民基本养老保险是养老服务体系建设的专属内容，另有 5 项工程也惠及老人。(2) 养老金。养老金连续 15 年提高，2017 年安徽省养老金月人均达到 2232 元，5 年增长 51.6%，在此基础上 2018 年安徽省养老金人均增长约 5%。(3) 医保财政补助。在医保全覆盖的基础上，进一步提高了财政补助，2018 年城乡居民基本医保人均财政补助标准提高到 490 元。(4) 各类中央财政涉老补助资金。这也是各市县养老服务体系建设重要来源之一。

第三，养老技术支持体系日趋完善。养老技术包括设备、医疗、护理、信息沟通等技术。目前，安徽省各市都以不同方式建立了养老服务平台。根据安徽省民生工程要求，2019 年将在 16 个设区市分别开展 1 个智慧养老试点，推行智慧养老机构创建、智慧社区居家养老服务模式建设、市级智慧养老综合平台整体建设、“养老机构＋社区居家养老”智慧化融合发展四类试点模式。这将进一步完善养老服务的技术支持体系。

第四，物质基础日渐丰富。随着政府投入和社会投资的逐年积累，安徽省养老服务业的物质基础日益丰裕。机构养老方面，床位供应普遍出现了供过于求的局面，促进了机构养老行业的竞争，养老机构在建筑面积、室内设施、服务设备、餐饮、洗浴、医疗等方面都有显著改进。居家和社区养老方面，在政府和社会各界努力下，社区的日间照料中心、老人活动中心、老人服务中心、室内室外活动设施建设，正按照《规划》的标准有条不紊地落实。

第五，模式创新和示范机构不断涌现。从中央到地方的不同层次，从政府到半官方组织如慈善组织、老年基金会等再到民间组织如各色老年协会等不同组织在安徽各地推出了各种类型的行业标杆、创新模式和示范机构，这也从另一个方面说明了安徽养老服务业发展的勃勃生机和各行各业对养老服务业的关注与支持。

三、养老服务业发展面临的压力

虽然安徽省养老服务业发展已经取得了显著成就，但我们必须看到，随着人口老龄化进程的加速，安徽省养老服务业的未来发展依然面临较大压力。

一是养老服务需求压力，即老年人口持续快速增长带来的压力。据测算，2020 年我省 65 周岁及以上老年人口比重为 11.73%，2040 年为 23.18%。安徽省老龄办发布的《安徽省老龄事业发展状况报告(2016)》将我省人口老龄化发展形势分为三个阶段：1998—2020 年属于快速老龄化阶段；2021—2045 年属于加速老龄化阶段，是老龄化发展最快时期，也是人口老龄化形势最严峻的时期；从 2046 年开始，安徽正式步入重度老龄化阶段，届时将比全国平均水平提前 5 年进入重度老龄化阶段。根据这一划分，“十四五”期间，安徽将要面临严峻的养老服务需求压力。

二是养老财政供给压力，主要是指供养比持续下降带来的压力。1962—1974 年，我国经历了长达 12 年的婴儿潮时期，这批人口将在“十四五”期间步入老人行列，这批老人兄弟姐妹数目平均在三到四人之间，而这代人的生育期，中国实行了严厉的计划生育政策，这就造成一个时期相对沉重的供养压力，基本上是一个子女要承担两个老人的供养，包括养老服务。全省情况也就是各个家庭情况的加总，由此可见养老财政供给压力之沉重。

三是养老服务供给压力。从家庭内部而言，家庭提供养老服务的能力进一步弱化。在城市，由于这一代老人的子女多是独生子女，这就决定了从整体而言，子女为老人提供较为全面的生活护理服务非常困难。在农村，人口城市化造成了大量青壮年入城，老人留在农村，从而出现与城市相同的问题。养老服务的供给主体将转移至社区和养老机构，这将对社区特别是农村社区的养老服务能力形成巨大压力。

第二节　安徽养老服务业的展望

一、养老服务能力技术化

养老技术包括设备、护理、医疗、沟通等方面的技术。目前，安徽各级政府大力支持医养结合和养老服务平台建设，极大地改善了安徽养老服务的技术状况。在未来，人工智能技术会进一步促进养老服务业的发展。人工智能技术也就是养老机器人的使用有两大作用：大力缓解目前护理人员的短缺；替代护工从事一些脏活累活，如失能失智老人的排泄、翻身、起床、洗浴，等等，这些可以由机器人完成或者辅助完成。2016 年，杭州已经引进了养老机器人，按照工信部专家的估算，十年内，养老机器人将在全国普及。另外一项技术就是 5G 技术，在不久的未来，5G 技术将涵盖各个领域，实现万物互联。万物互联会大大降低虚拟技术的成本，把物理环境虚拟化，互不住在同一个物理环境的家庭成员通过虚拟技术生活在同一个网络环境的家庭之中。这将是智能养老的一个新阶段，将物联网、云计算、大数据等新一代信息技术与现代老年服务业技术相结合，构成现代化时代的养老服务业的技术基础。

二、养老服务机制市场化

养老服务机制是家庭、市场、政府三者的耦合。在不同阶段，面临不同的社会经济环境，三者在养老服务机制中担当的角色及重要程度存在差别。目前，家庭依然是提供养老服务的关键主体；未来，随着人口老龄化的加速，养老服务的供给将以市场为中心，表现为政府购买和家庭购买养老服务。导致这种变化的原因，是家庭提供养老服务能力的弱化，不得不依赖市场提供。就农村看，一方面，安徽是劳务输出大省，大量青壮年外出务工，老人一旦不能自理，将不得不进入农村养老机构，这是刺激近几年安徽农村养老机构快速增长的基本动力；另一方面，农村的年轻人纷纷进城，最起码是在县城或镇上买房，留居农村的老人也不得不由市场提供养老服务。在城市，根据调查，步入老年的独生子女的父母，他们几乎不指望子女提供养老服务，而是把希望寄托于养老机构。从政府方面看，政府购买养老服务已经成为各级政府的共识。一是养老技术服务平台，主要是采取政府招标形式购买企业服务。二是各地陆续开始了政府开办养老机构的市场化运作，官办民营是政府养老机构的普遍运行方式。各县民政部门都在推进敬老院的民营运作，各级民政部门开办的养老院、福利院也加入了民营的行列。三是社区养老服务这一领域，很多项目在和服务行业的对应机构合作，为老人提供服务。这意味着未来安徽的机构养老将会有更大的发展空间。

三、养老服务供给主体多元化

从养老服务业的资金来源看，大量资本加入养老服务行业，包括旅游业、餐饮业、医疗业特别是房地产业，这些行业原与养老无关，但他们敏锐地发现了在政府财政补贴政策引导下养老服务业的巨大商机，跨行步入养老行业。虽然“养老行业的核心竞争力来自服务能力”这一经营理念的培育尚需假以时日，但可以相信在不久的未来，其中一些机构能够成为养老服务业合格的市场供给主体，进而加剧养老市场的竞争，从整体上促进养老服务供给主体的多元化和养老服务供给水平。

四、养老服务质量高级化

养老市场竞争的加剧将带来养老服务质量的提高。养老服务质量的提升源自三个方面：一是经济发展引致的养老金持续增长带来了更多的养老服务需求；二是国家出台的养老机构分级制度引导养老机构从注重床位数量扩展到注重机构等级的提高；三是在空床率较高的背景下业外资本的持续进入，加剧了行业竞争。这三项因素会持续促进安徽省养老服务质量的提升，在养老机构方面表现为：居住环境的改善，饮食生活的科学化和丰富化，护理内容由生活护理扩展至精神慰藉领域，老人医疗与养护的深度融合；在机构外养老方面表现为：联合国倡导的积极老龄化、老年人社会参与等将在新一代老人中变为现实。可以预见的是，只有专心致志地提高服务质量的养老机构，才能在未来的竞争中立于不败之地；无论是政府和社区，在供给养老服务时，必须适应新一代老人与以往不同的养老服务需求。

五、政府管理科学化

“十三五”以来，安徽各级政府显著提高了对养老服务业的重视和支持，管理也日臻科学。一是政府管理职能科学化。清晰界定养老服务供给中政府与市场各自的责任，政府的责任主要是维持养老服务供给秩序，提供市场无法提供的养老公共品，降低市场交易成本和管理制度成本。二是科学制定引导市场发展的规划。2020 年是“十三五”的收官之年，“十四五”养老规划的制定将提到议事日程，而“十四五”养老规划是养老现代化阶段的第一个规划，它和现在的规划有何不同，应该未雨绸缪。三是科学指导养老行业的发展。我省的养老服务业尚处于成长期，需要政府的引导和指导，各级政府可以采取分类分级的指导办法，科学引领行业发展。

参考文献

[1] 杨立雄，余舟．养老服务产业：概念界定与理论构建［J］，湖湘论坛，2019（1）：24－28.

[2] Michelle Barnhart，Lisa Penaloza. Who Are You Calling Old? Negotiating Old Age Identity in the Elderly Consumption Ensemble［J］. Journal of consumer research，2013，39（6）：1133－1153.

[3] Chikako Usui. Japan's Population Aging and Silver Industries［M］. The Silver Market Phenomenon，2011.

[4] 翟德华，陶立群．居家养老与机构养老选择决策模型理论研究［J］．市场与人口分析，2005（1）：62－64.

[5] 潘金洪．江苏省机构养老床位总量不足和供需结构失衡问题分析［J］．人口与社会，2010，26（1）：15－20.

[6] 穆光宗．我国机构养老发展的困境与对策［J］．华中师范大学学报（人文社会科学版），2012，51（2）：31－38.

[7] 王宁．城市社区养老需求与社区养老服务体系建设［J］．重庆科技学院学报（社会科学版），2011（11）：77－79.

[8] 台恩普．老年住宅建设的对策和建议［J］．城市住宅，2008（7）：79.

[9] 张新生，龚美华．我国养老产业的转型和优化路径［J］．中外企业家，2014（19）：224－225.

[10] 刘美清．我国老龄产业发展战略分析［D］．天津：天津师范大学，2012.

[11] 王桥．我国养老机构发展中存在的问题及对策思考［J］．湘潭大学学报（哲学社会科学版），2016，40（6）：22－25.

[12] 黄荟宇．李亚威．社区养老服务模式探究—以北京市西城区月坛街道汽南社区为例[J]．管理观察，2010（24）：90－92.

[13] 邹铁钉，叶航．一个关于养老改革的外文文献综述——基于人口结构、决策环境以及新自由主义的视角［J］．经济与管理研究，2013（10）：31－42.

[14] 向甜．人口老龄化背景下上海养老产业发展研究［D］．上海：上海工程技术大学，2013.

[15] 杨贞贞．医养结合的社会养老服务筹资模式构建与实证研究［D］．杭州：浙江大学，2014.

[16] 张冬冬．养老社区发展模式探析［J］．城市开发，2013（4）：68－70.

[17] 文洁．人口老龄化背景下我国养老模式研究综述［J］．财政监督，2013（30）：69－71.

[18] 祁峰．建立具有中国特色的养老新模式——对大连市首创的“居家养老”模式的探讨［J］．经济问题探索，2005（2）：57－59.